鏡の国のイタリア

雨宮　勇

挿絵：森本智子

鏡の国のイタリア（プロローグ）

浴室にカーテン・・・・

イタリアの古いホテルや小さなホテルには、浴室に窓がある。窓から街の景色や遠い丘の上に教会のある風景が見える。こんな時、ああ、遠くまで来たんだな、という感傷と、それ以上にこれから起こる異国での時間にワクワクするときだ。

縦長の窓には、生成り色のカーテンが柔らかな曲線を描いて吊られていて、少し開けたガラス窓から風が入り込んで、レースの襞を揺らしている。

レースのカーテン・・・。天井から床まで長く掛けられたカーテンは、石造りのドッシリした壁にとても優しい。日本の壁ではこの手の優しさは表現できない。ロマンチックな気分に浸りながら、ふと、どうして日本にはこれがないのかと考えてみる。作ればできる。確かにそうだが、カビに悩まされる我が家の浴室に、

カーテンのあるトイレ・浴室（ミラノの友人宅）

カーテン・・・は難しそう。

名古屋の夏はひどく蒸し暑い。だからカビは強敵だ。一方のイタリアは、湿度の低いカラッとした気候の国、と思われている。だが、実は夏の八月、ローマの相対湿度は東京より高いのである(３０ページ参照)。ワイン蔵のある地下室はカビ臭く、一階でもカビの臭いが漂っている。そんなイタリアの浴室にカーテン・・・、不思議な光景である(前頁写真)。

(※イタリアの浴室は、トイレ・洗面と同室になっているものが多い)

でもそれが現実だとすると、イタリアと日本、どちらかがおかしい・・・?

いやいや、冷静になってみると、どうやら日本とイタリアは、生活の仕方そのものが違う、と考えたほうが良いのではなかろうか。それは似ているけど違う鏡の向こうの世界のように。

下の図は、同縮尺のイタリアと日本である。日本を鏡に映した逆の形にしてみた。こうすると、よく似ている(※１)。鏡の中の日本に似ているイタリアは、

鏡対照の日本とイタリア

似ているけどいろいろなことが逆になっているのかもしれない。

日本から飛行機で十一～十二時間でイタリアに到着する。それはまるで鏡の国に入ったアリスのような気分だ。イタリアでベッドに入る夜の十一時は、日本で目覚める朝の七時である。一日の暮らしが一方で終わり、一方では始まる。飛行機は、異国へのタイムマシンだと思う。

ローマ帝国、ルネッサンス、現代のデザイン国と、どの時代にも輝いてきたイタリア。一方、ユニークな文化を作り上げた日本、その比較は思わぬ事柄を思考の土俵に上げそうである。

第1章では、日本とイタリアを気候風土から、第2章では歴史から見た日本とイタリアを、そして第3章で以上から得られた文化について二つの国を交互に見ながら比較した。比較は、暮らしとインテリアを中心に書いてみたが、あちこちで脱線している。ただ、どうしてもすべての事柄がインテリアと暮らしにつながっている。関係があると私が思っての事だと理解してもらえれば幸いである。

比較すると、似たところと似ていないところが鮮明に対照できた。少しずつそれらをご紹介していきたい。

※1　ローマと東京は国土の中央部にある首都だ。「どこにお住まいだったのですか？」と聞かれて、「ペルージャにいました。」と答えるとサッカーの中田がいる前は誰も知らない。そこで「東京がローマだとすると、会津若松でしょうかね。」と答える。名古屋の人にだったら、「名古屋がローマだったら、松本ですかね。」と言うのだが、相対する都市がすぐ言えるのが面白い。

目次

第２章　歴史が作った暮らしとインテリア

第1章　気候から眺めた暮らしとインテリア

1．太陽の国、イタリアと日本

南向きの部屋は良くない！

インテリアとは通常建物の中を言うが、そのインテリアは気候の影響を大きく受ける。暑ければ窓を開けて風を入れ、寒ければ窓を閉じ、夏に雨が降れば蒸し暑く、雪の日は部屋の中まで明るい。暖房や冷房が入った現代でも、気候の影響から逃れることは出来ない。暑さ・寒さ、雨が降る・降らないで随分と異なった住居とインテリアが出来上がっている。そして生活そのものが異なっている。例えば、日本では部屋は南向きが良いと言われている。でも、ヨーロッパでは南向きの部屋は決して良い部屋ではないと言われる。なぜだろうか？

どうして北の国は寒いのか？

ではまず基本的な知識として、その気候を確認してみたい。気候を規定する最も重要なものが太陽高度である。なぜ重要かというと太陽が高いと同じ面積当たりの日射量が多いからである。

図1・1は地球に太陽光があたっている図である。東京（北緯三十五度）、ミラノ（北緯四十五度）、ロンドン（北緯五十一度五十分）の三地点の冬至（十

二月二十一・二十二日）の日の昼十二時の同じ土地面積あたりの日射量を比較したものである。

　これを見るとロンドンは北極に近いので、太陽からの光がかなり低いところから当たっているのがわかる。太陽光は同じ強さの光が平行光線としてやってくるので、図の縦の幅が大きいほど光量が多い。ロンドンの光の量（A）はとても細い、つまり日射量が少ないことが分かる。その量は東京の四十六・八パーセントである。ちなみにミラノは七十・五パーセントである。

　つまり、太陽光を真上から受ける（直角に向き合う）地点が一番陽を受けるのである。北海道が寒くて沖縄が暑いのは、その太陽高度が違うからで、沖縄の土地は北海道よりたくさん太陽の方向に向いているわけだ。

　それでは、「ヨーロッパでは、南向きの部屋は良く

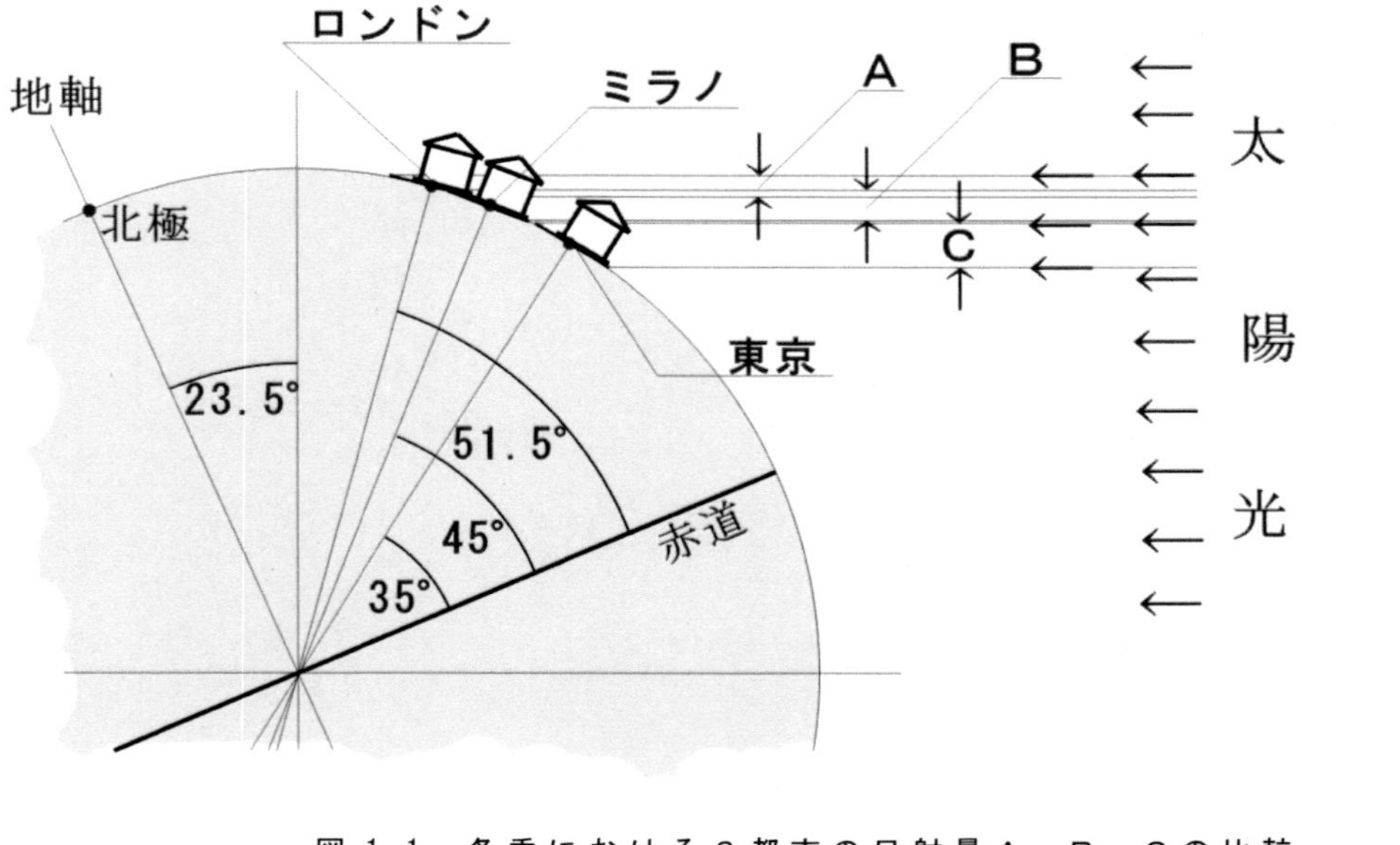

図 1·1　冬季における３都市の日射量Ａ・Ｂ・Ｃの比較

ない。」を解明しよう。

ヨーロッパの南向きの部屋は日本の西日の部屋

ここでは、冬至ではなく、一番昼の長い夏至で考える。

図1・2は夏至（六月二十一・二十二日）の昼の十二時の太陽高度を表したものである。東京の南側の部屋は、軒の出で夏の暑い直射日光が避けられているのがわかる。しかし、同じ軒の出でもミラノやロンドンでは、直射日光を避けることが出来ない。夏に南の窓から入る太陽光は、日本における夕方に太陽が低くなった西日だと思ってもらえれば理解できるだろう。

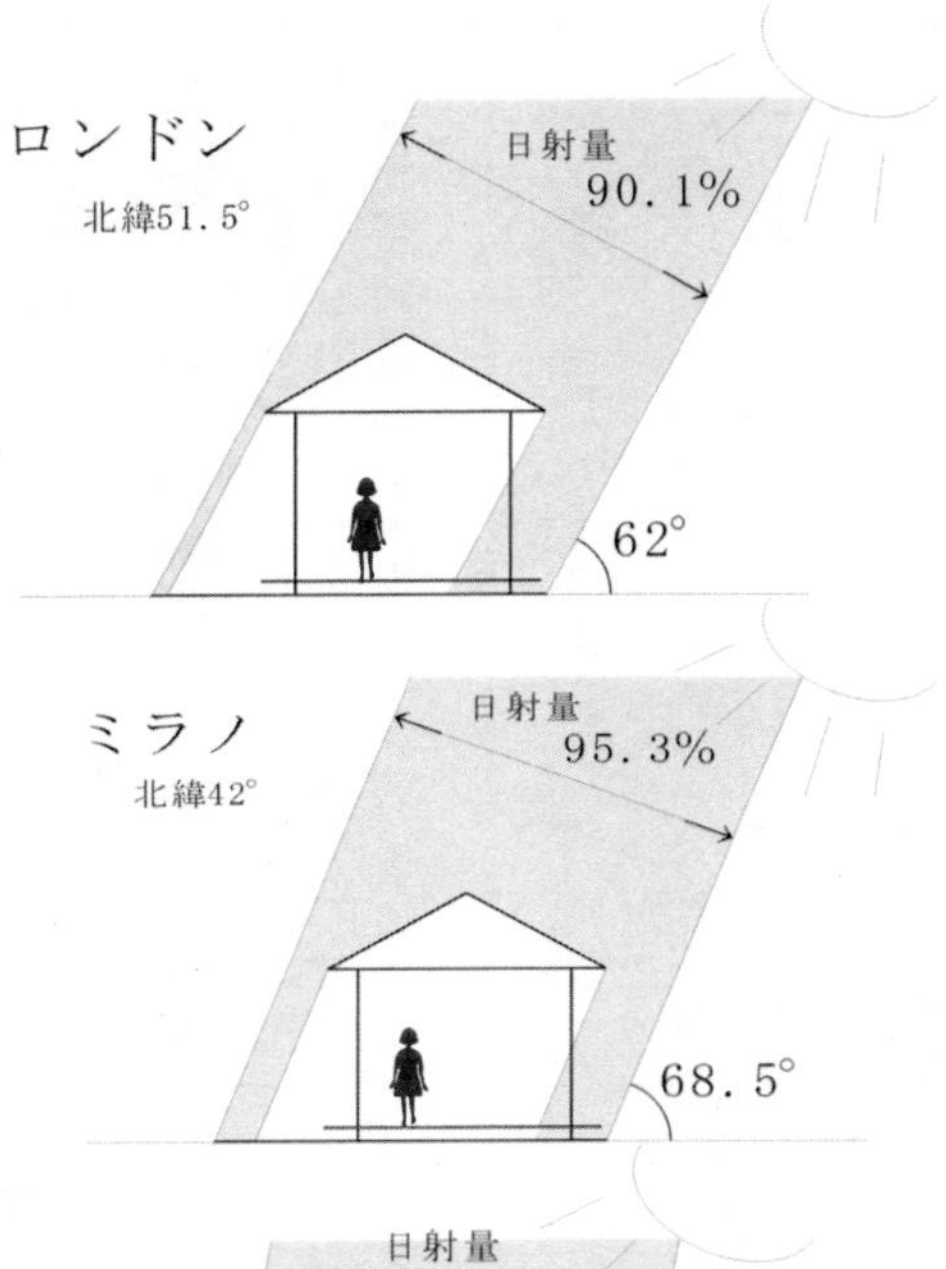

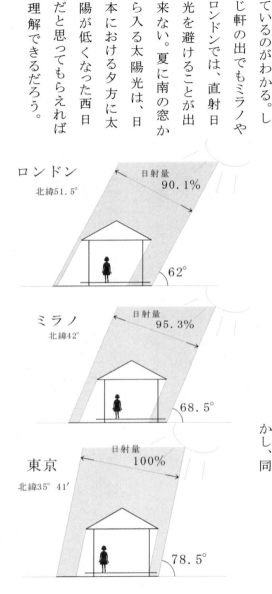

図 1・2　夏至における３地点の日射量（昼 12 時）

日本で西日対策を考えるのと同じように、ヨーロッパ・イタリアでは南からの太陽光は嫌な日差しなのである。部屋の中には、親から子へ 受け継がれた大事な家具やカーペットがある。これらを紫外線の退色の影響から守るのが難しいのが南側の部屋なのである。ところが東京の太陽高度は、冬至では低くなるが、冬は寒いので温かな日の光は大変うれしい贈り物だ。

2. イタリアは南国？
アルプスより南は太陽の国

さて、日本より高緯度のイタリアだが、なぜか太陽の国、情熱の国・南国と言われる。これは二つの理由からだ。イタリアの月別年間降雨量は夏少なく、冬に多い地中海性気候である。晴天の続くイタリアの夏はまさに太陽の国と言って良いだろう。日本より太陽高度は低いのだが、雲の少ないイタリアの夏は、日照時間が東京よりずっと多い。

もう一つの理由は、アルプスより北の国、フランス、ドイツ、イギリスなどの詩や紀行文(※1)でイタリアが太陽の恵み豊かな国と書かれているからである。それらの文献がそのまま日本に入ってくるから、日本人までもがイタリアは南国の情熱の国と思い込む事になった。

その背景には、十七世紀に起こったイギリスを中心とした良家の子弟のグランドツアーがあり、そして一八世紀の芸術家の間で起きたローマ時代などの古代文化熱がある。時を同じくして多くの遺跡発掘もあり、彼らのめざすイタリアは、ルネサンス時代の頃から芸術家の精神を高揚させる土地とされていたのである。

北の国とは？

日本より高緯度のイタリアでも、パリやロンドンから見れば遥か南方の国である。パリは北海道の北にあるカラフト島(ロシア領)の中部と同じだし、ロンドンはカムチャツカ半島の緯度と同じだ。これら高緯度の都市は、冬の太陽高度が大変低い。だから冬の朝は遅く、夕方は早い。短い昼と長い夜の冬は、生活に大きな影響を与え、インテリアに独特の個性を作った。

また、弱められた太陽光は、光を多く感ずる事の出来る薄い青やグレーの目を作り、弱い紫外線はメラニン色素の少ない白い肌の人種を育てた。彼らの服装は、パステルトーンが似合い、彼らの住む住宅は、高明度・低彩度(薄い水色や桜色、クリーム色など)の柔らかな色彩に包まれている。

北ヨーロッパのインテリアの話しは別の機会にゆずるが、イタリアのインテリアは、北の国々から見れば、低明度・高彩度の、強くアクのある色彩の国と映るだろう。服装やインテリアが南国のものとして認識されている理由は、ここにもある。

サルの住む日本は南国？

余談だが、そんな南国・情熱の国のイタリア人に日本の位置がどこかと聞いてみた。

なんと彼らは日本が現在地よりずっと南国だと思っているようなのだ。フィリッピンの横ぐらいだろう？と。だって猿が住んでるそうじゃないか、と言われ、困ってしまった。

サルの住むのは南国だ、と言うわけだ。

ではそんな時は、雪の中で温泉を楽しむサルたちの写真を今度は見せたいものだ。「日本には雪が降るよ。」って伝えるためにも。

そしてここでも思うのだが、お互いを南国だと思っているのが面白い。日出ずる国・日本と、太陽の国イタリア、太陽をめぐるこの2カ国の共通意識をまた見つけてしまった。

※1　ゲーテ（ドイツの詩人）の「イタリア紀行」（1786～87年）、スタン

ダール（フランスの小説家）の「イタリア紀行」（1817～26年）、アンデルセン（デンマークの童話作家）の「即興詩人」（1835年）、フォースター（イギリスの小説家）の「眺めのいい部屋」など。

3．風と海流は、地球の空調機

イタリアは緯度が北でも暖かい

表1・1を見て欲しい。ローマの気温を名古屋と比べてみると、一番右の年平均は同じくらいだが、ローマの冬は名古屋より温かく、夏は名古屋より涼しいのがわかる。なぜ緯度の高いローマ(北緯四十一度四十八分)の冬が名古屋(北緯三十五度十分)より温かいのか？

気候は、単に太陽熱が多くあたれば暑いというわけではない。地球上にある大気と海水が、その暑さ寒さを平均化しようと動いているのである。じゃ、なぜ動くのか？

空気や水は、暖められるとふくらんで、軽くなる。軽くなると流動的なものであるから上に移動を開始する。熱気球はこの原理を利用して空中に浮

かんで移動する乗り物になったが、大自然に生ずるものが低気圧であり、その極端なものが台風である。

ヨーロッパを温めている大西洋の熱帯海水

海水の場合は、太陽で温められるのは一番上の表面からなので上昇水流は起きないが、水平方向において水温を均一化するための力が働く。この力に地球の自転や風が働きかけて海流に育てるらしい。これにより北半球では海流は右回り(時計回り)の動きになり、ユーラシア大陸の東の海では黒潮となり、西側の大西洋ではヨーロッパ大陸西岸に流れ来る北大西洋海流(メキシコ湾流)になる。

メキシコ湾流は大西洋の赤道近くで暖められた海水が右回りにメキシコ東岸を北上しフロリダ半島から大西洋を横切ってヨーロッパ大陸西岸に流れている。暖流は北上するにつれ、熱を失っていくのだが、イギリス近海を温めた後、冷えて寒流となってその一部は南下を始める。この寒流の南下が雨の降らないサハラ砂漠を作ると言われている。

ということで、西ヨーロッパの冬が厳しくないのは、このメキシコ湾流が

表 1·1　ローマと名古屋の月別平均気温(℃)(理科年表 1995)1961～1990 年の平均値)

	1月	2月	3月	4月	5月	6月	7月	8月	9月	10月	11月	12月	年
ローマ	8	8.8	10.6	13.4	17.3	21	23.6	23.8	21	16.8	12.4	9.1	15.5
名古屋	3.7	4.3	7.6	13.8	18.4	22	25.8	27.1	23.1	17	11.5	6.2	15.1

空気を温め、その空気の移動で冬のヨーロッパ大陸を温めているからである。

日本の豪雨・豪雪は海流の仕業

逆に日本の冬が厳しいのはシベリア高気圧（寒気）が日本上空にやってくるからで、日本海側を北上する暖流の対馬海流の湿気を、シベリア高気圧からの北西風が東北地方に運び込むからである。これにより雲が形成され豪雪をもたらすため、日照時間が少なくなり、暖流が流れていることがこの地方の寒さを逆に厳しいものにしている。

ただし、北西風は日本海側に雪をもたらした後は、山越えした後に乾燥した風となり、太平洋側の空っ風と言われ、風の強い晴天となるというまったく異なった気候区分になっている。また夏の蒸し暑さや集中豪雨は南に流れる黒潮（暖流）が作る湿気を南の風が日本に運び込むからである。

ヨーロッパの冬雨も暖流が作っている

冬にパリやロンドンに旅をすると、よほど運が良くなければ晴天に出会う事はない。冬の北ヨーロッパの空はほとんどが鉛色の深い曇り空であり、真っ青な空の下にエッフェル塔を見ることは奇跡に近い。これは暖流であるメキシコ湾流の湿気を偏西風がヨーロッパに運び、大陸の寒気で冷やされて雲が発生するからである。ヨーロッパの冬の雨はこれが原因だ。

ところが、パリからローマに飛行機で2時間ほど南下すると真っ青な空になる。冬のローマも雨季ではあるが、パリよりも格段に日照時間が多い。夏は当然の如く晴天の続くイタリアは、やはり太陽の国といって良いだろう。この太陽光の豊かさがオリーブをトマトを、そしてワインを作るブドウのおいしさを作っている。

このヨーロッパにおける南と北の気候の違いは、日本の先に触れた日本海と太平洋側の気候の違いに似ている。ドイツやフランス、イギリスの人々のイタリアやスペインに対する気持ちは、雪に閉ざされた富山や新潟の人たちの静岡や愛知に対する気持ちと同じだと思うと、冬のヨーロッパが身近に感じられるだろう。

イタリアのブドウは平地で作られる

ヨーロッパの太陽高度が低いので、ブドウはトマトやキュウリのように添え木を立てて作るか、太い支柱を立ててそこに有刺鉄線を張るように、横方向に針金を張って、そこに水平に蔓を這わせている。こうする事で横方向からの日射を直角に近い角度で受けさせる訳だ。

雨の多い日本では、ブドウは水はけの良い地で、且つ南側斜面などの傾斜地でないと糖度の高いブドウにはならない。そして、ぶどう棚にして上からの太陽光を直角に受けるようにしている。しかし、イタリアでは夏に雨が少なく、日照時間が長いので、平地でも十分においしいブドウが出来る。

棚式のブドウ栽培だがイタリアに全然無い訳ではなく、時々見る事がある。これはベランダの前や通路などの日除けに使う時のようだ。通常の畑のブドウ栽培は、ほとんどが前記の柵の列にブドウの蔓が絡んだものである。

イタリアの日射は庇ではなく窓で対応する

この日射の影響は、そのままインテリアに反映する。

雨量が多い日本の住宅は、屋根は三角屋根、雨樋（あまどい）を付け、深い庇（ひさし）を伸ばして外壁材の木や土の壁を雨水から守っている。この庇だが、雨仕舞に有効だけでなく、太陽光の調節にも使われている。（前記・図1・2参照）

イタリアの夏の太陽は、日本に比べて低い。（　東北から北海

写真1·1　バジリカータ州　マテーラの住宅

道の緯度だから日本と同じではないというのは間違いだが。）しかし、気温が日本より高くないにしても、雨が降らない分、日中の日差しはかなり強烈だ。その日差しは横から射すので、庇があっても効果が低い。これを防ぐには窓を小さくすること、壁を厚くして断熱することである。

イタリアの窓は縦長

イタリアの家は石やレンガの積み上げ方式なので、横長窓は作りにくい。（なぜ作りにくいかは、別に触れたい）

だから、窓は天井に近いところまでの縦長の腰高窓である。高いところまで開いた窓は、光を部屋の奥まで導くことが出来る。導いた光は、最大限利用するために部屋の壁は真っ白く塗られる。白い壁は反射率が高いので、大変に明るい。

そして、厚い壁は内側の壁を斜めに切り取って光が入りやすいように工夫されている。だからイタリアの家の中は、窓が小さいのに明るい印象が強い。

このヨーロッパ・イタリアの天井に近い縦長窓に対して、日本の床面から人の背丈の高さに開けた横長窓は、形とともに大きさも全く異なったものと言えよう。

イタリアの壁厚は日本の二倍

壁の厚さが断熱効果を持っていると書いたが、日本の壁の十～十五センチメートルに対して、ヨーロッパ・イタリアの壁は三十～四十センチメートルと二倍以上厚い古い家だと五十センチメートル以上はざらで、教会などでは一メートルを越すところも珍しくない。こうなると岩をくりぬいて作ったといってもよいくらいなので、夏に教会の入口に立つと、中から冷たい風が吹き出してくるのが分かる。

また冬は、しっかりと中の暖房の熱を逃さないように出来るのも厚い壁だからである。

薄い壁の日本と厚い壁のヨーロッパ・イタリア、中に入れる家具や、窓装飾はその存在感に合わせてやはり重さや大きさが全く正反対に発達したように思う。

重量感のあるソファやテーブルは、杉・ヒノキの床材の上には置

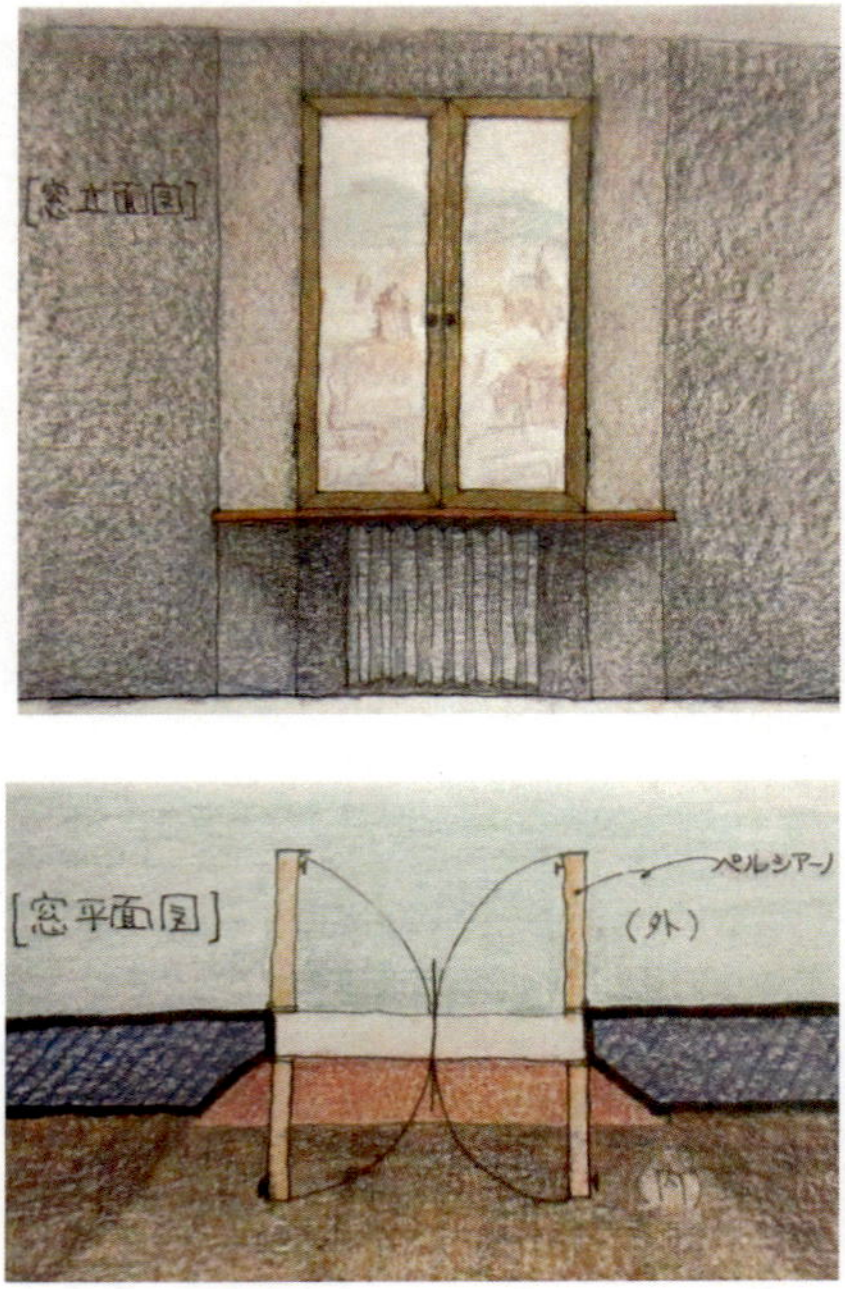

図 1·3　窓部分の平面図（上：立面図）、下：平面図）

きにくい。その横に明かり障子が似合わないのは、単に和洋の形状の違いというより、重さのイメージが異なっているからだろうと思う。窓はどっしりした厚手のカーテンが良く似合う。どうだろうか。

4．雨が作ったインテリア

ローマの湿度は低い？

「ローマの気温は東京とほぼ同じですが、夏の日差しは強く暑く感じます。しかし、湿度が低い分過ごしやすいです。夜間と早朝は冷え込んで・・・、」

これはインターネットでイタリアを紹介したある記事の一部だが、これを読んだ人のほとんどがこの内容に疑いを持たないだろう。イタリアの夏と言えば、湿度の低いさわやかな気候と言うのが通常の概念だからである。ところが、表1・2を見てもらうと、イタリアの首都ローマの相対湿度は実は東京より高い。これには、多くの人が意外だと思うだろう。なぜこうなるのか？

湿度が高くても蒸し暑くない？

相対湿度とは、空気が抱えることの出来る水蒸気量を百パーセントとした時、今どれほどの水蒸気がその空気に含まれているかを示したものである。となると、東京よりローマの方がたくさん水蒸気量を抱えていると判断されそうだが、空気が抱える最大の水蒸気量は温度によって変化するのである。気温が上がるとたくさんの水蒸気を抱え、下がると少ない量しか抱えることが出来ない。

冬に家や車の窓ガラスに水滴が出来る結露現象は、部屋内の暖かい空気がガラス面で冷やされて、冷やされた部分の空気が、抱えている水蒸気を抱えきれずに外に露出するからである。ガラスは湿気を吸い込むことができないため、その表面に結露するわけだ。

これは、寒い外から暖かい部屋に入った人の眼鏡が曇ってしまうのや、夏に氷の入ったグラスの周りに結露が出来てテーブル面に流れ出すのも全く同じ現象である。

蒸し暑さは不快指数でわかる

イタリアで氷の入った水やジュースが出ないぞ、というのは別の項の話題にするとして、ローマは、湿度が高いのに日本ほど蒸し暑くないのはどうしてか？

表 1・2 ローマと東京の月別の平均相対湿度と気温（理科年表 2008 年）

		1月	2月	3月	4月	5月	6月	7月	8月	9月	10月	11月	12月	年
湿度 (%)	ローマ (1	75	75	75	75	75	73	72	73	75	76	77	77	74.8
	東京 (2	50	51	57	62	66	73	75	72	72	66	60	53	63
気温 (℃)	ローマ (3	8.4	9	10.9	13.2	17.2	21	23.9	24	21.1	16.9	12.1	9.4	15.6
	東京 (4	5.8	6.1	8.9	14.4	18.7	21.8	25.4	27.1	23.5	18.2	13	8.4	15.9

（1 ：1961～1990年平均、（2・（4 ：1971～2000年平均、（3 ：1971～1991年平均

答えは気温が低いからである。蒸し暑さの尺度に不快指数があるが、これは相対湿度に気温を加味したもので、これをローマに当てはめてみると夏のローマの不快指数七十二・五六になり、東京の不快指数七十七・三より低いことになる。不快指数は七十を越えると不快を感じ始める人が出て、七十五を越えると半数くらいの人が不快を感じ、八十を越えるとほぼ全員が不快を感じると言われている。

ということで、やっぱりローマの方がさわやかと言うことになる。ただし、それは夏の四ヶ月間のことである。表を見れば、他の季節はイタリアの方が断然湿度が高いのがわかる。実はローマの冬はベタベタと湿気のある季節であり、イタリアは年間を通すと乾いた国とは決して言えない。

日本の家の雨仕舞い

前回の海流と風の話から日本の夏が蒸し暑く、イタリアはそれほど暑くない理由が少し分かっていただけたと思うが、蒸し暑さは雨量と関係がある。ここでは日本とイタリアの年間降雨量を表1．3で見てみよう。

ローマは十一月から二月までの冬の四ヶ月間は東京より雨量が多いが、他の月では東京が多く、東京の年間の総雨量はローマの二倍である。そして、夏の七月はなんと二十倍！である。日本は世界でも有数の多雨地域なのである。その日本では、雨に対する様々な対策が取られてきた。

まずは屋根に降った雨水は、急角度の屋根によって速やかに流し落とす。その雨水を外壁より突き出た軒端に取りつけた雨樋（あまどい）で集め、縦樋で地面の排水路に流すのだが、昔の藁（わら）屋根の家では雨樋の取り付けが出来ない。だから、つい百年ほど前までは、屋根の下端からそのまま地面に流し落としていた。

そのため、落ちた水が建物の外壁に流れたり、跳ね返りが外壁を濡らすのを避けるため、「犬走り」を設けていた。「犬走り」とは、幅五十センチメートルくらいの玉砂利を敷いた道のようなもので、庇の下、家の周囲にグルリと作られていた。雨水は出来るだけ建物から離して排水されねばならない、これが我々日本人の住居の宿命的課題だったのである。

平地の家の水対策

雨が多ければ、住居は水はけの良い傾斜地に作るべきである。木構

表 1·3　ローマと東京の月別の平均降水量（単位 mm）（理科年表 2008 年）

	1月	2月	3月	4月	5月	6月	7月	8月	9月	10月	11月	12月	年合計
ローマ	74	73.9	60.7	60	33.5	21.8	8.5	32.7	74.4	98.2	93.3	86.3	717
東京	48.6	60.2	114.5	130.3	128	164.9	161.5	155.1	208.5	163.1	92.5	39.6	1467

（ローマは1971～1996年平均、東京は1971～2000年平均

造の建物にとって湿気は大敵である。だから狩猟採集の時代には、確かに住居は山地に作られたが、次第に日本の集落は平地に移動して行った。主食である米作り、水田耕作のためには、水平にした水田が作りやすい土地が必要だったからである。そのため日本人は平地に住むことになった。

平地だから地下水脈は浅い。地面からの湿気は山地に比べ大変に高い。雨量の多さは時に洪水の危険にもつながる。日本人の水との関係は、恵を得るものであると同時に災厄をもたらすものでもあるという、大変に厄介な関係にあった。

古代日本には洪水の災害は無かった？

ところで、古代の日本には洪水の歴史がない。と言うと不思議に思えるかもしれないが、災害は人が生命や財産を失うようなことが起きることであるとすると、平地に住んでいなかった日本人には災害は無かったのである。そもそも、平地というのは、川の氾濫によって作られた土地なのである。

高い土地に降った雨が流路を作り、次第に川の様相を帯びていき、谷を作ってその底を流れるようになるが、削った土砂は海や湖の河口に堆積させていく。その土砂は長い年月をかけて海や湖を浅くさせ、次第に平たい陸地を作っていく。その面積が増えていくと作られた平たい土地の全てが雨季には流路になる。つまり、全ての土地が雨季の増水時には流路の対象場所になる、つまり、洪水である。古代の日本人は梅雨や台風の増水で全てが流路になる洪水の土地には住まなかった。住めなかったのである。だから、稲という素晴らしい食料の作り方を知っても平地には住まず、谷あいに小さな平地を作って水田としたのである。

そんな日本人にとっての湿気対策は、まず縁の下を作る高床式の住宅であり、建具をはずせば柱だけになるという大きな窓であった。これらによる通風・乾燥が何にも増して必要不可欠であった。

イタリアのキノコと水牛

さて、もう一方のイタリア、確かにイタリアは日本の二分の一の雨量かもしれない。でも、決して森や林の無いところではない。イタリア中部の山岳地帯を車で走ると、長野や山梨の山中を走っているような錯覚に陥る。そし

て、これらの地域は有名なキノコの産地であり、秋にはあちこちでキノコ祭りが開かれている。そして、ピザの重要な材料であるモッツアレッラチーズはナポリ近くの湿地帯に住む水牛の乳で作られたものだ。

イタリアは乾いた土地だと言うのは、神話だと思う。夏の四ヶ月間（五月中旬から九月中旬）には当てはまるかもしれないが、他の八ヶ月間は十分に湿潤な土地なのである。次はこの湿潤なイタリアの町や住居がどのように湿気対策をしているのかを述べたい。

5．イタリアの湿度対策

調湿材料とは何？

日本、特に太平洋側の地域では、夏と冬の気温の差も激しいが、湿度もそれ以上に差が大きい。【表1・2参照】その日本で利用されてきた住居材料、木、紙、土などは、調湿機能が大変に高い。この調湿機能の優秀性が長く日本人の健康を支えてきた。調湿機能と

写真1·2　ウンブリア州ペルージャの坂の街路

は、湿度の高いときに室内の空気から水分を吸収し、空気が乾燥すると水分を放出する機能である。

現代日本の住宅の浴室は、金属やプラスチックで作られた壁面ユニットで作られている。汚れにくい、汚れが落としやすいという利点から浴室ユニットの主要材料になっている。

昔は浴室の壁は木板と土であった。現在はほとんど使われていないので、水を使うところで土というのは現代人には意外に思われるだろう。

そんな土壁の浴室では、浴槽に熱い湯が張られているのに、土壁は触ると水を含んで溶け落ちそうな不安に駆られるが、実は大変乾いた存在である。そして浴槽からの湯気が見当たらない。大変に強い吸湿作用が働いているのである。冬季などでは特にそうだが、普段たくさんの湯気の中で風呂に入っている現代人には、新鮮な光景である。

そしてつい百年前の住宅では、寝室やお茶の間などは、木の床・壁・天井、土壁、畳であり、襖、明かり障子は紙、調質材料に囲まれて生活していた。畳の下には縁の下があり、通風が湿度を下げてくれる。だから、湿度が五十％以下になり風邪が流行る冬には、それらの材料から水分が空気に放出され、蒸し暑く、カビの生えやすい夏には空気中の水分を吸収してくれる調質材は、重要な健康材料である。

一方イタリアの住居は、石、レンガの材料なので、除湿機能が高いとは言えない。イタリアの湿度は前に見たように低くはない。年間平均では、日本より湿度の高い国である。それではイタリア人は、湿度に鈍感なのだろうか？　いや、イタリア人は湿気に対して各種の対策を立てているのである。

白石灰の塗壁は明るいだけではない

日本人の土や木、畳、和紙に匹敵するものは、イタリアでは、レンガ、石灰、布類である。レンガは石に比べてわずかながら強い調湿力を持っているが、その上に塗る石灰が高機能材料である。日本でも古来より漆喰に使ってきたが、菓子類の袋の中に入れられる乾燥剤としても使われる石灰（水酸化カルシウム・炭酸カルシウム）は、単に調光機能だけでなく、除湿・調湿機能も持っている優れものだ。夏にその白い壁に触ってみると、ひんやりした触感が伝わってくる。放湿することで昇華熱を奪い、自らその温度を下げているのである。

布で覆われた室内

そして、豊富なインテリアファブリクスの存在である。日本では伝統的な和室を見渡してみると、布地類の使用がほとんどない。あっても暖簾（のれん）と座布団と畳の縁ぐらいである。優秀な和紙があることで、日本ではインテリアファブリクスはほとんど発達しなかったといってよい。平安時代初期まであった中国伝来の几帳（カーテンのようなもの）などの多くのインテリアファブリクスも、時代が下がるごとに減っていき、ついには暖簾や幕の類しか残らなかった。

一方のヨーロッパ・イタリアでは、カーテン・カーペットが代表的だが、それら以外にも壁クロス、イス張り、テーブルクロス、ベッドカバー、照明カバー、クッション、そしてタペストリーとあらゆるところに布が使われている。この全てが、インテリア空間の調湿機能をもっているのである。

しかし、布地が湿気対策で使われたというより、やはり、石、タイル、レンガの冷たさ、硬さゆえの使用と考えたほうが妥当だろう。大理石の床に響く靴音は、良くも悪くもここが西欧だということを認識させるが、体の当たる部分（イス・ソファ、ベッド）がほとんど木や布地で出来ているので、冷たさを感じさせない。また、音をよく吸収する布地類は、寝室の静寂を保つ重要なエレメントでもある。だから、カーペットやカーテンが無かったら、イタリアのホテルは騒々しい空間であったろうと思う。

この布地、イタリア人はこまめに洗濯や日光での乾燥を行っている。天気の良い日は見上げるとたくさんの洗濯物がはためいている。大きなものは、シーツとテーブルクロスだ。時にカーペットも陰干をしている。また、十年に一度ほどの石灰の壁の塗り直し、自分で行う者も多く、イタリア人のメンテナンスにかける気力には感心する。

ペルシアーノとタッパレッラ

布地がたくさん使われていても、やはりそれらのある居室そのものの乾燥化にイタリア人は積極的である。

朝起きたら窓を開け、空気の入れ替えを行っている。居室は、通常日本で言うところの二階以上にあるので、比較的防犯上安全なのか、主婦の家事作業の間お昼ぐらいまでは窓を開放している。その窓から洗濯機や掃除機の音が良く聞こえ、窓が閉じられると買い物に出かけるのが主婦の日課だ。

さて、イタリアの住宅の窓だが、扉などは通常、雨戸とガラス窓の二重、もしくは三重になっている。一番外にあるのが雨戸であるが、これには二種類ある。古典的なものは、ルーバーの入った外開け用の扉であり、ペルシアーノと言う。(写真1・3)ペルシャから伝わったのだろうか?

もう一方は、タッパレッラと言う木製もしくはプラスチック製のシャッターである(写真1・4)。どちらも風を通すように出来ている

写真1・3　ペルシアーノのある窓

のが日本の雨戸と異なるところだ。雨戸を閉じても通風は確保している。だから、朝使用した浴室の湿気も日中の通風で十分に乾燥させることが出来るのである。

ペルシアーノとタッパレッラ、イタリアの街路景観に大きな影響を与える雨戸であるから一つの建物内で異なった種類の雨戸を使用することは出来ないようだ。その色彩も統一されていて、街路全体でも規制がはっきりしているようである。

写真 1·4　タッパレッラの窓のある部屋

大都市の洗濯物は家の中で乾かす

また、大都市内の集合住宅では、景観上、外に洗濯物を干せないので、家の中で干している(写真1·6)。これが出来るのもイタリアの雨戸が通風機能を持っているからだ。これは素晴しい。

ところで、ここまで雨戸と言ってきたが、ペルシアーノやタッパレッラは、実は雨戸とは言えない。日本の雨戸は防雨の機能を持っているから雨戸である。

我々が雨戸を必要とするのは、防犯もあろうが、台風などの横殴りの雨に対する対策として重要であるからである。

イタリアには台風のような強烈な風雨はない。イタリアの雨戸は日除け戸と言った方がよいし、日光を除ける通風の窓装具なのである。また、ベネシャンブラインドはヴェネツィア生まれの窓装具だが、これなどは海面に反射する光に対する調光装置でもある。

地下室はドライエリア(乾燥用空間)

日本の住宅は高床式にして、縁の下に風を通すことで湿度を落としているが、まさかイタリアにはこれは無いだろう、と我々日本人は思ってしまう。湿度の低いイタリアには必要ないと。

しかし、これまで述べてきたようにイタリアは湿度が低いわけではない。縁の下に替わるものが存在している。

街路を歩いていると、建物の前の道にグレーチング(鉄格子)がはまっている

写真 1・5　浴室内のもの干し場

のに気付く。膝を落としてこれに顔を近づけると、強く湿気た匂いがする。暗い中に、穴が建物の地下に通じているのが分かる。つまりドライエリアである。昔はワインやソースなどの瓶詰め類の収納倉庫などに使用されたのだろうが、今ではこの部分を積極的に使用する場合は少なく、もっぱらドライエリアとしての空間になっている。

また、公共建築物など大きな建物では、街路から階段を何段か上がっていくものがある。この場合は結局高床式になっていて、建物の一番下に日本の縁の下の通気口と同じものがある(写真1・6)。

ただし、これは階段を作る余裕がある建物に限られる。通常は、建物に入ってもほとんど街路と同じ高さの床高になっているので、縁の下は無く、街路にグレーチングである。といってもこれらは大都市などに見られるもので、地方の丘上都市などでは傾斜地の高低差を利用した通気口がよく見られる。

写真1・6　建物最下端。の通気口

6．中と外の中間の暮らし

日本の文化を創った気候帯

表1・3を見て欲しい。東京から緯度で二度北上した新潟の冬は東京と三度の気温差があり、東京一月の気温は新潟三月の気温である。一方、福岡と東京は、同じ緯度で気温二度の違いだが、その気温の年間推移はほとんど同一である。

この気温差の同じ地域、福岡、東京間の北緯三十三度～三十六度の右上がりの帯状の地域を、工業立地の面から太平洋ベルト地帯と呼んでいる。この地域は工業だけでなく、日本文化を熟成させた地域としても重要であるが、この地域が発展してきた理由にその温暖な気候を挙げることができるだろう。

冬の気温はローマほど暖かくはないが、ロンドンやパリほど低くは無く、そして何より日照時間が長いことである。北西風のカラッ風はとても冷たいが、南に面した縁側は風さえなければその陽だまりは天国である。

日本の住空間は外部と一体化している

その日本の住空間は、内と外が融通無げなつながりと一体感を持っていると言われる。これは現在の神社仏閣でも体験できるが、室内空間が明確な仕切りの無いまま外部空間につながり、外部の庭が住空間に取り込まれ、そのまま遠くの山の姿まで連続していく。これらの空間の一体感は、確かに日本文化の基層として重要だが、取り立てて和風建築の良いものを見なくても、昔の日本住宅ではどんな家でも外の空間とのつながりを意識できたものである(写真１・７)。

その代表的な空間が縁側である。南に面した部屋の外側に設けられた縁側は、畳の部屋以上の多機能な空間である。陽だまりの中、ご近所の人たちとの談笑、お茶のみの時間、子供たちの遊びの場にもなれば、布団を干す場でもあり、野菜や果物の一時置き場、乾燥食品の製造場所にもなる。この多機能空間を可能にさせたのが、冬の日照時間であると言えよう。

写真 1·7　中庭への縁側

イタリアの夏は、日本の初夏の季節

ところが夏を見てみると、日本の七・八月は熱帯のジャカルタと同じ暑さである。あの暑さは熱帯の暑さなのである。ところが一方のローマは、六月〜九月は二十度前後で推移している。つまり夏の四ヶ月間は、日本の初夏の気温と同じだと言えよう。日本は二十七度、ここでの五度の差は大きい。イタリアにこれまでクーラーが普及しなかったのもこの理由からである。

イタリアに縁側はあるか?

では、そんな気候の良いイタリアだったら、縁側があるにちがいない、ということになる。でも残念ながら、一階に鉄格子のはまっているイタリアの建物に、縁側は無い。

イタリアにも、戸建て住宅はある。その現代住宅の

表 1·4　世界の月別平均気温（理科年表 2008 年）

	1月	2月	3月	4月	5月	6月	7月	8月	9月	10月	11月	12月	年	緯度
ロンドン	4.4	4.4	6.4	8.2	11.6	14.5	17.1	16.8	13.9	10.7	7	5.3	10	51.09N
札　幌	-4.1	-3.5	0.1	6.7	12.1	16.3	20.5	22	17.6	11.3	4.6	-1	8.5	43.3N
ローマ	8.4	9	10.9	13.2	17.2	21	23.9	24	21.1	16.9	12.1	9.4	15.6	41.48N
北　京	-3.6	-0.6	5.9	14.2	19.9	24.4	26.3	24.9	20.1	13.2	4.7	-1.4	12.3	39.56N
新　潟	2.6	2.5	5.4	11.2	16.1	20.4	24.5	26.2	22	16	10.2	5.3	13.5	37.54N
東　京	5.8	6.1	8.9	14.4	18.7	21.8	25.4	27.1	23.5	18.2	13	8.4	15.9	35.41N
福　岡	6.4	6.9	9.9	14.8	19.1	22.6	26.9	27.6	23.9	18.7	13.4	8.7	16.6	33.34N
ジャカルタ	26.4	26.7	27.1	27.9	28.1	27.7	27.8	27.4	27.6	27.3	27	26	27.5	6.11S

地階（日本の一階）にはキッチン・ダイニングがあって、外にすぐ出られるようにはなっている。ベランダもある。でも、縁側のような中とも外とも言えないような場所は無い。扉でしっかり仕切られたベランダは全くの外部空間である。

都市住宅での開放的な空間

　イタリアの城郭都市の建物では、地階（日本の一階）から中に入れるような中庭が設けられている。この中庭の機能の一つは、防犯のため複数の家族の住む集合住宅の外との出入り口を一箇所にするための中間地帯である。この中庭に面したところに昔は厩（うまや）が置かれていたが（今はそこが駐車場）、住居は通常そこから階段を上がった日本での二階（イタリアの一階）以上にある。

　外敵の侵入に敏感な人々には、どこからでも入れる日本のような家は作れなかった。だから、縁側を作るなどとんでもないことである。かと言って外とのつながりを絶ちたかった訳ではない。むしろ、

より外を希求してきたのではないか。その一つの表現がロッジャである。

ロッジャは眺めのいい縁側

ロッジャ（写真１・８）は、ベランダやルーフバルコニーではなく、壁さえ作れば立派な居間になりそうな空間である。この二階以上にある広いベランダのようなものは、屋根があり、その屋根を支える柱が優雅な個性を作っている。

ロッジャは、庭であり、ダイニングルームであり、夏の暑い時には寝室ともなる。このロッジャ、最近ではそこにガラスをはめ込み、エアコンを入れ、快適だが自然をシャットアウトした空間に作り変えている。残念だが、これも便利の追及結果であり、温暖化の影響だろう。

そして、屋根の無いロッジャとも言うべきが、ルーフバルコニーである。ここには鉢植えの花や木が

写真 1·8 ロッジャ（ロンヴァルディア州コモ ）

植えられ、中庭以上の庭、開放的な庭空間が作られている。家具なども置かれ、食事や休憩が取れるようにしてある。それで、そのためのガーデンファニチャー（mobile d. este）が豊富だ。

外での生活用品が面白い

イタリアの家具の見本市の有名なものに毎年四月に開かれるSALONE（サローネ）がある。インテリア関係の家具や照明器具の展示が日本の雑誌などで大きく紹介されるが、屋外用の家具などの展示はほとんど紹介されないので、日本ではあまり知られていない。だが、これの展示面積が大変に大きい。最初私は、イタリア人はこれらを山や海の別荘で使うのかと考えたが、ルーフバルコニーやロッジャ、キャンピングカーでのアウトドアライフの家具として使用されるものも大変多いようだ。もし、サローネに行ったら、一度はこのブースを覗くと良い。イタリア人の生活が見えてくると思う。

ロッジャから見るイタリアの町が美しい

屋上もルーフバルコニーと言えるが、陸屋根で屋上にしたものはイタリアではあまり見かけない。高い鐘楼のようなところから眺めるとわかるが、日本で言うところのスペイン瓦と呼ばれるような黄色からオレンジがかった丸瓦の延々と続く様子が見て取れる。日本でも昔は、銀色の瓦が続く様が美しいと言われたが、すっかりそんな景色はなくなってしまった。だから、オレンジの瓦屋根の続くイタリアの風景は美しく、そしてうらやましい。

7. 石の床と畳

石の床と木の床

イタリアで最近木の床に張り替える家が多くなった。大理石が高いから木にするのかと思ったら大間違い。木の床のほうが贅沢なのだそうだ。と言うのは大理石のほうが一回の工事費は高いが、長く持つ大理石は結局安くつくのだそうだ。家の中でも土足で生活するイタリア人の家では、もし木の床だったらすぐに傷んでしまう。木は張り替えなくてはならないから高くつく、友人の新築工事を手伝っていたら、そう教えられた。

じゃそんな木をなぜ使うかと言うと、やはり木のほうが体にいいからだと言う。テレビCMや雑誌広告に室内履きの宣伝が良く出ている。足の裏に良い、足首に良いと書かれているが、石やタイルの床は脚に負担をかけるとは最近よく言われていることである。木の床はその弾力性が足に良いというのだ。そして断熱効果のある木の床は暖かい。

昔は石かレンガの床がほとんどであった。レンガの床は痛みが激しいので、やはり石がよい。ところが石は硬くて冷たいのが欠点なのである。

靴脱ぎが畳を発明させた日本

一方の日本、上流階級では早くから住居の床を地面から離して高床としていた。平安時代の寝殿造りは木の床であったが、鎌倉時代を過ぎ室町時代ごろからそれまで寝るところに敷いていた一枚畳を、部屋中に敷きまわすようになった。このことは、日本の暮らしの革命的な変化である。なぜそんなことになったかと言うと、木の板の高床時代のいつの時代からか、住居内では外履物を脱ぐことが行なわれるようになったからである。木の床を長持ちさせたい気持ちが裸足にさせたのだろうか。

この外履物も当初中国から伝わった履物がどんどん簡素化、つまり下駄や草履に近いものに変化していくことで、着脱が容易になっていた。足をおおわない形式の履物に変えることで、水虫などの足の病気を減らすことが出来たこともあろう。

また、足袋のような形で冬の保温に対処する方法も出来、着脱の容易な履物の発達とともに足袋の発明も住居内の履物を脱ぐ、つまり裸足になることにつながった。

となれば、住居内に土や砂が持ち込まれず、清潔な床になる。裸足の生活は現代でもその良さは支持されているところだが、まずは夏の暑さがきっかけであったろう。

ユニークなのは冬でもそのスタイルを捨てなかったことである。イタリアよりも寒い日本の冬。薄い外壁、隙間風の入る建具の日本住宅でも、日本人は外履物を脱ぐ習慣を続けた。朝鮮半島のオンドルのような床暖房が無くても、これを行なってきたのは驚異的なことなのかもしれない。

そして、この裸足の生活は、どこでも座れる床生活であり、そうなれば、寝るところを床より高いところに置く必要もない。そこでいつのまにかベッドから脚がなくなり、残った平らな畳がそのまま新しい床になるのは自然な成り行きであったろう。

ベッドと布団

日本の伝統的な寝具である布団は畳の上に敷く。比べて西欧から来たベッドは石の床の上に置かれている。これは随分異なる。

布団を畳に直接敷くのは畳がそもそもマットレスだったからという由来はともかく、畳が程よい弾力性を持っているので、それ以上に布団の下には何もいらないということだろう。逆に何か布団を支えるものを置いたら畳が傷むことになる。中国文化の影響で脚の付いた家具がたくさん伝来したが、そのほとんどが脚をなくして日本独自なものに発展したのも、この畳の発達と大いに関係する。

そして、畳に布団を敷き、座布団を置いての床生活が成り立つのは、畳自体の高断熱性によるものだ。

冬に畳に直接座ると、最初感ずる冷たさはすぐ緩和され、体温でどんどん温かくなる。熱が逃げないのだ。

また、夏に風を入れると、畳の上を通る風が畳の湿気を昇華して熱を奪っていく。風が畳の乾燥を行い、同時に室温を下げるわけだ。風と畳、そして風鈴、日本の夏の立役者である。

西欧の古いベッドは高い

ところで西欧の脚の付いたベッドだが、民族博物館などで見るとマットレスの高さが大変に高い（写真1・9）。テーブルより高いものがよく見られ、これでは落ちたら怪我をしそうだ。

なぜそんなに高いのか、我々日本人からするととても不思議だが、こう考えると分かりやすい。つまり部屋の中では、暖かい空気は軽くなって上に行き冷たい空気は下を這う。冬に頭がボーっとするくらい温かいのに脚がスースーするという経験だ。そして、熱伝導が木より高い石やタイルの場合、寒い冬には床からどんどん熱が引いていく。となると、天

写真1・9　ベルガモ民族学博物館

井近くと床の傍では何度も室温が異なってくる。

日本にも子供用の二段ベッドがある。下に寝ている子の夜尿症が困ると相談され、助言して上の子のベッドと交換したら、治ったことがある。ちょっとしたことだが、上下の室温の違いを知っていると助かる。ということで、西欧のベッドは高くすることで少しでも寒さを減らしたかったのだろう。

冷暖房のあまり要らない国

ヨーロッパの窓が縦長で小さいというのは、レンガや石の積み上げ構造だからだと書いた。大きな横長の窓は構造上作りにくいと書いたが、アーチ状にすれば大きな窓は作れる。それをしなかったのは、アーチ構造が作りにくいというより、断熱構造にしたかったからではないかと思えてくる。もちろん外敵の侵入を防ぐのにも小さい窓は適していたとも言える。しかしそれより、壁を厚く、そして窓を小さくすることで夏は涼しく、冬は温かい居住環境

を得ることが重要だったのではなかろうか。

そのお陰でイタリアのホテルや住居ではいつも快適であった。ホテルでは冬はたいがい夜の十二時で暖房が切れる。毛布一枚しかないベッドはとても心細いのだが、私には寒くて起きたり、予備の毛布を探したという記憶は無い。

日本でのあの厚い掛け布団は日本の室内気温がイタリアより低いことを示している。またこれは、日本でのマンションなどの集合住宅が、戸建て住宅より外壁が厚く開口部の総面積が小さいことから随分と温かい、という経験に照らすと理解できるだろう。

ところがそんな高断熱住宅のイタリアでも、世界的な温暖化現象でさすがに冷房を使用せざるを得なくなったようだ。

8．外の暮らしと文化

夏の日本の原風景

特に夏、夏に雨が多く気温の高い日本は、不快指数の高い国である。幕末や明治の初めに日本にやってきた西欧人は、この夏の日本を見て「裸族の国」だと思ったらしい。男は褌一つで仕事をし、女も腰巻ぐらいしかつけていない。ほとんど熱帯地方の服装である。

上半身に衣服をまとうのは日差しの強い日向であり、家の中では腰周りだけだ。子供などは一日中真っ裸である。そんな人たちの待ち望むのは風が吹いてくれることであり、楽しみは夜の入浴と夕涼みであった。

入浴後のさっぱりした体で食事をし、風通しのよい路地で蚊を追いながら囲碁や将棋、四方山話、そして夜店祭りや花火見物などにも出かけた。

日本の夏の夕方は、内の生活空間が外につながり内の文化より外の文化が豊かな季節であったのである

イタリア人も外が好き

一方のイタリア、夏にはあまり雨が降らない。日中の日差しは強いが、日陰はそれほど暑くない。雨も降らない夏の外は格好のリビングルームになっ

写真 1·10　中庭に作られた樹下のレストラン

た。イタリア人の外好きは、日本人に負けない。

イタリアの古い映画、フェデリコ・フェリーニの「道」という白黒映画には、外で結婚式の披露宴のシーンがある。木製の簡素なテーブルを庭に出し、みんなで一列に並んで食事をしていた。家の中に空間が無い訳ではないのに、外で食べている。外の明るさ、開放感が良いのである。

また、同じフェリーニの映画「アマルコルド」では、映画の最後のシーンに、みんなの憧れの女性グラディスカの結婚式が描かれるが、この舞台は海岸に近い野原の中で、簡単なテントを立てて行われる。それが質素というイメージではなく、逆にフェリーニの映像つくりの手腕で、粋でしゃれた結婚式として表現されていた。これを見て、野外の結婚式もいいなと思った人が結構いたはずだ。

レストランの発達した現代では、外の披露宴はあまりやらないと思うが、今でも友人同士のパーティーでは外がよく使われる。また広場での演奏会は夏の風物詩であり、レストランでも、中庭のぶどう棚や藤棚の下を客席にしたものがあり、人気を得ているようだ（写真1・10）。

路地は社交場

日常的にもイタリア人たちは外にいるのが好きである。先ほどの路地の日本の風景は現代日本には今は無い懐かしいものになってしまったが、イタリアでは現存している。地方の小さな町では路地のいたるところに椅子が出ている（写真１・１１）。

これは、まず外が明るいので編み物などの家事をやるのに適しているからだ。おばあちゃんが縫いかけの刺繍を持ち出すと、外に出て来た向かいの奥さんが声を掛けて、どこからかもう一つ椅子を持ってくる。三～四人が集まったら、今日の昼食の話しで盛り上がる。

外の椅子はマンウォッチングのため

イタリア人は外が好きだけど、それ以上に人が好きなんだと思う。椅子を家の外の道路際に出して座って、道行く人を眺めている。毎日の日課のように外で座って歩く人を眺めている。座っていたら、誰かが通りかかる。知人だったら、捕まえておしゃべりをする。知らない人なら挨拶だけだ。だから、椅子が外に置かれっぱなしになっている。そんな道を歩いていると、主人のいない椅子が、ひどく味わい深く見えるのだ。

イタリア人は散歩が大好き

そんなイタリア人の極め付きの日課が散歩だ。おしゃべりが好き、人が好きのイタリア人たちは、家の傍だけでなく町の中心広場にも出かける。

どの町にも散歩道と呼べるところがある。夕方に仕事が終わって出かける人簡単な夕食を食べて出かける人、人さまざまだが、散歩道や広場はたくさんの人で大賑わいだ。最初何かお祭りでもあるのかなと思った光景だが、人々はただ歩いて人と会っておしゃべりするだけである。

この散歩、たくさんの町の人たちにいっぺんに会う機会でもある。まだ元気だよと歩いてくるお年寄り、こんな子が生まれたのと見せ

写真 1·11　路地に置かれた椅子たち

に来るお母さん、息子たちはこんなに大きくなったんだと言うお父さん、旅行写真を見せ合ったり、共通の知り合いの近況を教え合ったり、散歩道は大社交場である。

そんな光景を見ていたら、昔の日本もこんな風だったなと思い出した。隣近所の気のおけないおしゃべりが、どこの街にもあった。もしかすると、我々日本人はとても大事なものを失ってしまったのかもしれない。

第２章　歴史が作った暮らしとインテリア

1．戦争と平和のインテリア1

端（ハシ）の国、日本

ユーラシア大陸東端の国日本と西欧の中心にある国イタリア、西欧版の世界地図では日本は東の端の国である。中国で生まれた文明は周辺である日本に伝わったが、その東は大きな太平洋で日本は端の国として、江戸時代は二百五十年の鎖国の歴史を持つことが出来た。

今回、歴史の素人である者があえてこれを確認するのは、日本とイタリアの大きな相違点が歴史だと思うからである。

日本の鎖国は、日本人の生活と文化に決定的な影響を与えた。世界史において、他民族からの侵略が起きていないという日本史は、不思議な歴史だと言っていいだろう。もちろん蒙古襲来

図 2・1　19世紀前半のイタリア

における対馬や、第二次世界大戦末期の空襲や原爆投下、沖縄侵略はあった。だが、本土決戦を回避できた日本人には、それらは台風や地震のような天災以上には映らなかったのかもしれない。侵略軍に目の前で家族や知人を殺され、町を破壊された歴史はどの民族にもある。沖縄や南西諸島の歴史は悲惨だが、大部分の日本人にはその記憶が薄い。

橋（ハシ）の国、イタリア

一方のイタリアは橋（ハシ）の国である。ローマ時代には地中海世界を大統一した歴史を持っている。地中海を東西に二分するイタリア半島は、支配するには好都合な中心的立地環境を持っていた。しかし、逆にアフリカとヨーロッパの架け橋にもなるイタリアは、他国に支配されたり、小さな国々に別れて戦争を繰り返してき

図 2·2　連合軍の侵攻経

た（図２・１）【注２・１】。（東洋でこの橋型の地勢に似ているのは朝鮮半島であるが、朝鮮半島との比較は、別の稿に譲りたい。）

そのイタリアが統一されたのが日本の明治維新と同じ頃というのは、前に触れた。この時代、ヨーロッパはどの国も同じ頃に新しい国民国家をスタートさせている。

戦争と平和のつくるもの

ところで、この日本の平和と、イタリアの戦争の歴史とでは、両国の都市や建築物、そして暮らしやインテリアに大きな違いを与えた。

第二次世界大戦での日本の状況は上に書いたがイタリア国内では、南に上陸した連合軍とイタリア・ドイツの同盟軍による戦争がイタリア国内を南から北に戦線が移動する形で行なわれた。（この辺りは、多くのイタリア映画に表現されている。※２・１）この内戦とも言うべきものは、イタリア

写真 2・1　トスカーナの平原

統一時での主に北から南への戦線の移動と逆になったものだが、ここではまさに友人知人の殺される状況が繰り広げられた。イタリアでのこのような状況は、別にこの時代に限ったものではない。その多くは都市国家間の戦い、そして近代では他国（中世以降では、スペイン、フランス、ドイツ、オーストリアなど）からの侵略によるものだ。日本が他国から侵略されたのは第二次大戦後のアメリカ軍（国連軍）によるものだけである。

この違いが、後から出てくるイタリアでの丘上（きゅうじょう）都市や中庭の発達の原因になり、日本での平地都市や、大きな開口部を持つ住居との違いに繋がるわけである。まずはイタリアの丘上都市から見ていこう。

車窓から眺めると

車窓から眺めるイタリアの田園風景は美しい。

写真 2･2　キュースィ（トスカーナ州）の遠景

都市を出発した電車はすぐに田園の中を走り始める。イタリアの車窓風景は都市と田園が実にはっきりしている。三～五階建ての集合住宅の密集地が途絶えると突然、平原になる。これは近代まで人々が石を積上げた都市壁の中だけに集まって生活をしていたからである。都市は都市壁までで、そこを一歩出ると農地を中心とした平原地帯になる。（現代では、その外側にも住宅が発展しているが、まだまだ外側への建築は制限されてるところが多い。）

日本では、車窓にいつまでも家屋の建ち並ぶのが見える。はっきりした都市壁を持たなかった日本では、簡単に取り外しの出来る町の板囲いをはずして、外へ外へと平屋の家を作ってきた。幕末に来日した西欧人の記録（※２・２）には江戸の町が平屋の住居が延々と続いている状況にびっくりしているのが読み取れる。江戸時代、日本のどの都市でもそのような延々と広がる平坦な田園都市を作っていたようである。

日本の集落は田園の点景

イタリアの田園風景には、集落の混ざることが少ない。現代では、ぽつぽつと農家らしきものが見えるが、それらは集落を構成していない。農作業のための倉庫や夏の仮住まいになっている場合が多いようだ。

車窓から眺めるイタリアでは、都市域は突然現れるのである。都市と、農地や森林とが確然と分かれている。

日本の風景も境界がはっきりしていると言われる。だが、これは農地と山林との境がはっきりしていると言うことである(写真２・３)。集落と農地の境界がはっきりしているわけではない。

水田を主として考えた日本の農地は、水平面を必ず作っている。水田の水は一定期間、ある水量と水面の高さを保っていることが必要だからであり、傾斜地を崩し、水田のための水平農地を作ってきた。そのため、山林地域の傾斜地と農地とは明確な境を作っている。

ところが、山林と農地がはっきりしていても、農

写真 2·3　日本の田園と山林

地と集落にはその区分けが判然としない。集落は農地の間に数戸から数十戸が平屋で建ち並び、それらは田園に溶け込んで独特の日本の景観を作ってきた。

丘の上の都市

これに対するイタリアの農地と森林は、どちらも傾斜地にあったり平地にあったりと区分けが判然としない。稲作ではなく麦の生産が主体のイタリアでは、必ずしも水平面が必要ではない。平地でも、なだらかな傾斜はそのままに耕作地になり、そのまま山の傾斜につながっている。麦作りは傾斜地で充分に行うことができるのである（写真２・４）。

ところが一旦集落が始まると、集落は密度の高い都市域を構成する。昔、都市壁は都市をぐるっと囲んでいた。平地の都市では早い時期から都市

写真 2·4　マルケ州サン・テルピディオ

壁を崩して道や住居にしているが、そこに都市壁があったということがすぐにわかる。同心円状に広い道が走っているその間の細い街区、これが都市壁の跡である。都市壁が完全に残っていなくても弧を描いた二本の道を辿っていくとレンガや石で作られた大きな門の遺跡を発見することができる。

これは、丘上都市でも同様であるが、丘上都市の殆どは小さな町であることが多く、現代までその殆どの町が切り立った崖の上の都市壁を残している。

このように、都市壁によって都市と田園がはっきり区分けされている様子は、イタリアの町のどこにおいても見ることが出来る。

現代ではその都市壁を越えて集落が広がっているのがわかるが、前にも触れたが、むやみに広がるのは法律で抑えられている。時間をかけて計画され、審議された上で許可が出る。だから現代でも都市は突然途絶えて、平原になる。

車窓から眺めていると、その唐突さが新鮮である。そして、平原が突然都市になる場合も驚きなのだが、それ以上にドラマチックなのは、田園風景の向こうの、小さな山の上に現れるときだ〔写真2・

5」。

丘の上にびっしりと住居の建ち並ぶ姿は雄大である。その一番高いところに町の中心教会のドームが見え、丘全体が完成度の高い都市の塊として視界に迫ってくる。それは田園に浮かぶ軍艦のようだ。これがイタリアの丘上都市である。

※2・1：代表的な映画に、ロッセリーニ監督の「戦火のかなた」、「無防備都市」、タヴィアーニ兄弟の監督による「サン・ロレンツォの夜」

※2・2：「逝きし世の面影」p447～448 渡辺京二著　平凡社刊

オールコック（初代駐日イギリス公使）が江戸について、「ヨーロッパには、これほど多くのまったく独特のすばらしい容貌を見せる首都はない」と述べたことの意味を、ようやくわれわれは理解する。江戸はパリやローマや、あるいはロンドンやウィーンのような、大廈高楼を連ねた壮麗な都市ではなかった。江戸にそういうものを求め

写真 2・5　ウンブリア州トレーヴィ

た観察者は、残らず深い失望を味わった。江戸の独自性は都市が田園によって浸透されていることにあった。だから欧米人たちは江戸と郊外の境目がわからなかったのである。都市はそれと気付かぬうちに田園に移調しているのであった。・・・・

２．戦争と平和のインテリア２

町は城壁で囲まれていた

イタリアで、町や集落の外敵への防御として作られるのが都市壁（市壁）である。農業を主とする集落でも住民はみな固まって居住していた。集落が大きくなって町に発展するが、その発展には市壁が不可欠であった。外敵に攻められ難くすること、それが市壁の存在である。今でもその一部を見ることが出来るが、町の周囲をぐるりと丈の高い厚い壁で囲んでいる（写真２・６）。平地の町で人口の増えた町では、その都市壁は門ぐらいを残して都市壁そのも

写真 2･6　オルビエート（ウンブリア州）

のは現在はほとんど壊されている。しかし、その後は細長い緑地帯や、細長い住区になっており、その内と外に道路があるので、すぐにそれと分かる。

しかし、その建設には大変なコストがかかる。できたら短い市壁で囲みたい。しかしそれでは町の面積は小さく限定されてしまう。

フィレンツェの市壁の拡張

イタリアの京都と呼ばれるフィレンツェ。そのフィレンツェは平地の大都市である(写真２・７)。しかし、最初は丘の上の町フィエーゾレの壁外集落として存在していた。ところが、集落が都市に発達するには防御のための市壁が必要である。一回目の市壁は古代ローマ時代にローマの植民都市として作られたものである。南北四百メートル、東西五百メートルぐらいのはなはだ狭い矩形をなしている。これはもう崩されて無いのだが、今の地図でも街区の形からその形が容易に推測できる。

写真 2·7　フィレンツェ(ミケランジェロ広場から見下ろして)

この町は、交通が発達してくるとローマから北に上る交通の要衝となって、人口が増えてくる。そこで二回目の市壁をその外のアルノ川方向に拡張して（十一世紀）面積の拡大を図った。この頃の発展は急激で、次の三回目の拡大はすぐ後の十二世紀に行われ、四倍の大きさに拡大。そして十三世紀の六回目には、そのまた五倍以上の大きさにまで拡大して堅固な市壁を作っている（図２・３）。

これらを成しえたのは、フィレンツェが経済的に強大になっていったからである。市壁の建設は大変な事業であって、全ての都市で市壁の拡大が可能であったわけではない。

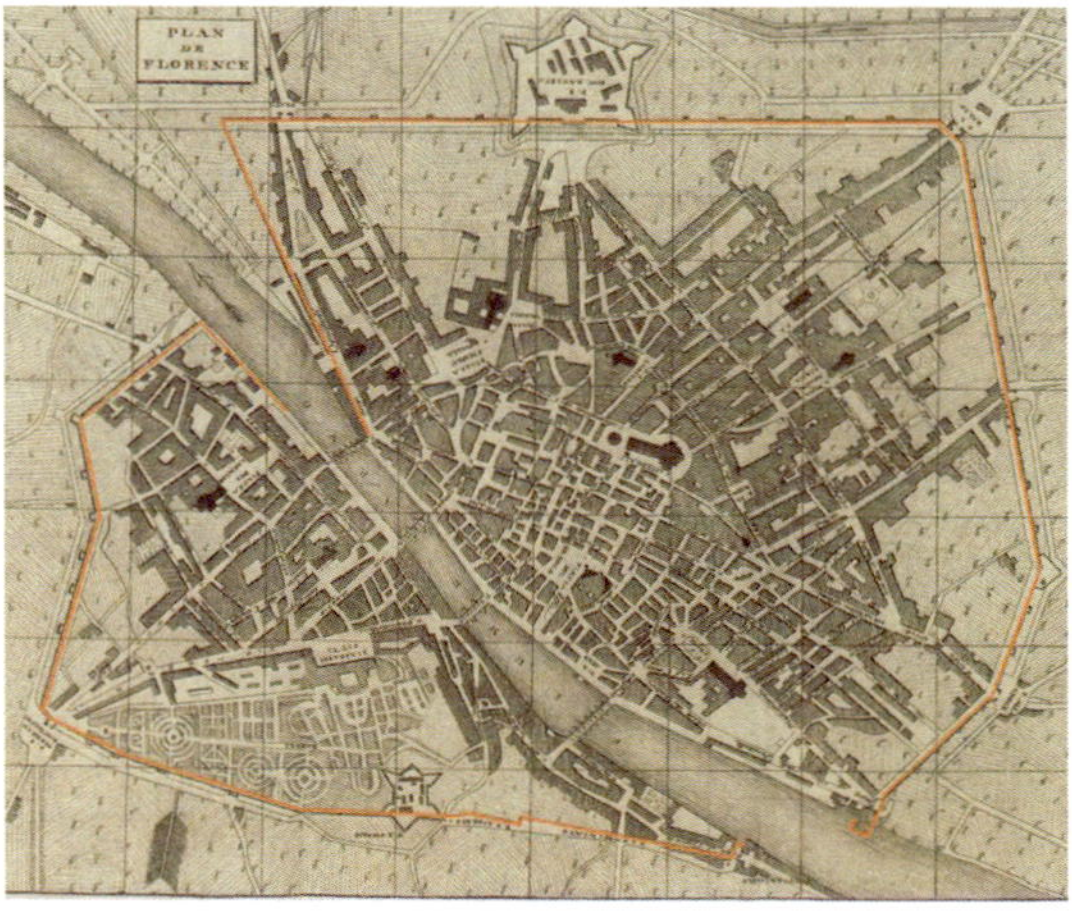

図 2・3　6番目の城壁に囲まれたフィレンツェ（1333年完成）※3

イタリア人は丘の上に住んでいる

ところでイタリアを旅する者にとって、フィレンツェやミラノなどの平地の都市への訪問が多いのだが、イタリアは地方都市が楽しいとよく言われる。その地方都市に多いのが丘上都市である。

日本では、集落は、港湾、河川の近く、街道沿い、寺や神社の門前、と言ったところに発達している。その立地は、現代と同様食料の生産と集配に適したところでもある。

イタリアでも日本と同様、交通の便の良い場所に発達するのは先のフィレンツェの例でも分かるが、実は圧倒的に多いのが丘の上、もしくは中腹に発達しているのである。少なくとも、第二次大戦までのイタリアでは、イタリアにある町(paese)の大半が丘の上に作られていると言っても過言ではない。

丘上都市と山岳都市

丘上都市の紹介はもう既に何度も国内で紹介されているが、そこでは「山岳都市」として紹介されている。我々日本人での「山岳」というイメージは、高い山々が立ち並ぶ景観である。それらの町の異様な景観に、イタリアにおいても独特の特殊な都市だと紹介文を読む我々は思ってしまう。しかし、イタリアの都市や生活を考えるとき、この丘状都市を知らずして語ることは難しい。丘状都市はイタリアの都市の基本的な姿だと言ってよい。

ここで紹介するイタリアの都市は、奥深い山の中にあるようなものではない。平地からポコッと盛り上がった丘の上や、山の中腹に位置している。図２・４は、小さな山の上にある小さな町ベットーナの市街図を描いたものだが、真ん中に教会（５）や役場（１）のある広場があり、そこから四方に道が下っていく。黒い線が市壁でその中と外にぐるりと道が円周状に作られている。そして、その外は急傾斜地で、その下に農耕に適した比較的平らな土地が広がっている。

市民は市壁から出て農耕を行った

日本では丘の上の街はほとんど無い。山や丘の上に作る山城はあるが、丘の上の町は無い。あえて言えば、横浜、神戸、長崎などの港町が丘の町として知られる。但し、山地がそのまま海に急傾斜で落ち込んでいる場所だからこそ、幕末に西欧の大型船が横付けできる深い港として選ばれたわけで、小さな木造船しか作れなかった江戸時代には、丘の町は農業のできにくい漁村でしかなかった。水平農地ができない傾斜の強い地域は、山林として放置されていたのが日本の国土だと言ってよいだろう。

これは日本の農業が稲作中心であったからだが、稲作には平地が必要であり、常に田畑での維持管理が要求される米作りには、農地の傍に住むことが必須であり、山の上の住居は不適であった。

一方のイタリアは、麦作りと酪農である。急傾斜でなければ傾斜地でも農業ができる。そしてそれ以上に安全が重要視された(※2・6)。殆どの農民は市壁の中に住んでいたのである。

農民たちは、日が上ると家畜を連れて市壁の門（写真2・8）をくぐって外に出る。丘の下に広がる緩やかな草原に牛や羊を放し、草を食んでいるのを一日犬たちと番をする。見上げると、丘の上に我が町の教会が一番高いところで輝いているだろう。

夕方日が落ちる頃、教会の鐘が鳴り響いて、ゆっくりと家畜を集めて、城壁内の我が家に向かって登り坂を帰っていく。それが市壁の中に住む農民の一日である。

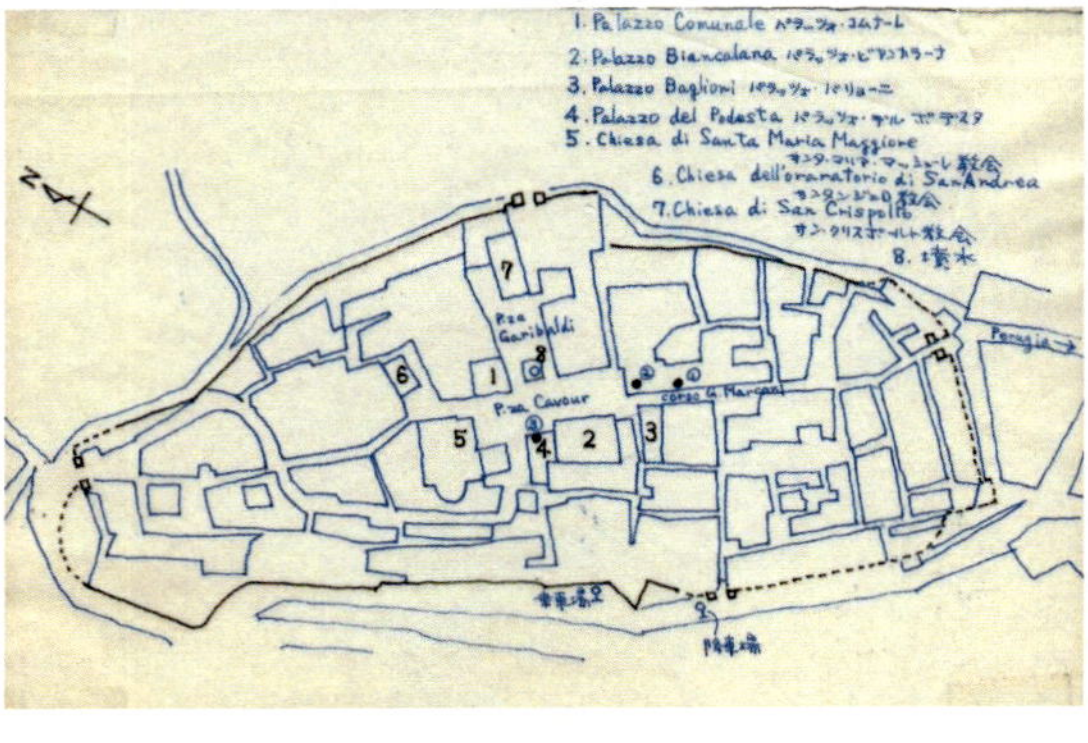

図 2·4　ベットーナの市街図（ウンブリア

日本のようにほとんどの農民が、自らの農地の近くに家を持つ国から見れば、現代の都市勤労者のように城壁内から農地に通勤する農民というのは奇異に見える。イタリアに住んでいる時、イタリアには都市（citta）はあるが、村の概念が無いのが不思議であった。だから人の住んでいるところはどこも都市と解釈せざるを得なかった。だからそれは都市というより町、町というよりカンパーニャ(田舎)としか言えない集落である。

イタリアの歴史は戦争の歴史だと書いた。敵から家族・財産を守ることは全てに最優先された。どのような不便でも耐える必要があったのである。そしてその安全のために作られたのが市壁であり、その市壁を作るのに丘が大変適していたのである。

丘の傾斜を利用すれば、平地に作るよりもコストを抑えて作ることができる。いざ戦争ともなれば、敵の発見や、上部から弓などを射掛けることのでき

写真 2･8　トゥレーヴィの北東の門

る丘の町は、攻め難いが大変守りやすい町なのである。
ちなみに首都のローマは、七つの丘の上に作られた町である。それらの丘が集合して大ローマが作られている。

ヴェネツィアも避難都市

ヴェネツィアが海の上に町を作った話は大変に有名な話だ。ゲルマン民族の大移動の際、ランゴバルド族の侵略から逃れるため、干潮時しか海面に現れない土地（ラグーナ：潟）や小島の上に町を作って、外敵の侵入に備えた。海を天然の堀割にした訳だが、海の上に住む事で便利な事などほとんど無い。最悪なことは、水の確保である。

ヴェネツィアの飲料水の確保は、降った雨を住居の屋根から広場に流し、広場に空けた穴からその下の砂の層［浄水層］に流しその底に溜まった水を広場中心にある井戸からくみ上げると言うものである（写真２・９）。と言っても井戸水は降った雨より多いわけでは

写真 2·9　ヴェネツィアの広場（手前が雨水口　奥に井戸が見える）

ないので、夏など雨が降らない季節では井戸は涸れてしまう。

水は、陸地側の川から取って町に運ぶやり方も多く取られたが、河口に近いところでの取水は、水質が悪く、悪質水業者の摘発があとを絶たなかったといわれている。そのため、水は大変貴重なものであると同時に、常に政治的なものでもあったようだ。ヴェネツィアが飲料水の問題から開放されたのは、二十世紀になって水を本土から水道管で送るようになってからである。

深い井戸を掘る

一方、丘の上の町でも水の確保は大変難しい。多くの町は、後背地を必要とした。後背地はそこより高い丘や山であって、そこから水を引いた。しかし、後背地を持たない丘上都市では、降った雨を溜める地下水槽を作るか、地下水脈につながる深い井戸を掘るしかなかった。ローマから北へ百キロメートルほど行った断崖上に立つオルヴィエート(写真２・１０)は、そんな町の典型である。

何本もの深い井戸（サン・パトリツィオの井戸は深さ六十二メートル）が町を支えていた。今でもそれを見ることが出来る（写真２・１１）が、岩（凝灰岩）を下に掘り下げる作業は大変な工事であったに違いない。そこまでして丘の上に住む意味があった訳である。それが外敵への備え、安全の確保である。

人は食べ物があって生きられる。確かにそうだが、イタリア人にとっては、安全こそが大変重要なものであったことを、我々はまず認識しなければならない。ただし、丘の上の町の利点は外敵への備えだけでなく、マラリア菌を媒介する蚊の脅威から逃れる為でもあった。（これについては別の項で触れたい。）

写真２・３、２・４：ウィキペディアから

※２・６：イタリアでもミラノの西の地域ロンバルディア平原では、米作りが盛んである。平原での防御は川を利用し、陸からの敵の侵入にはやはり堅固な城壁を作っている。しかし、平地での防御は相当難しく、近隣の丘上都市との連携が重要であったようである。

写真 2・10 オルヴィエート（ウンブリア州）の遠景※4

3. 戦争と平和のインテリア3

不便だけど丘の上の町は楽しい

イタリア・マルケ地方の景観は大変美しい。緩やかな丘が、畑と樹木と住宅で飾り立てられている様子はおとぎの国に来たようである。

そこでそれらの町々を車で回っていくと、我々は一つの町から次の町に行くということは、丘から降りて次の丘に登っていくことであることを知る。道は丘の上の町を網の様につなげている。網の結び目に当たるところが丘の上の町である。

今は住宅や工場などが平地に作られているが、まだまだ丘の上に住んでいる人が多い。慣れ親しんだ町を捨てるのは大変難しいのだろう。定年退職したら、子供の時のように幼な友達と郷里の丘の上の町で遊んで暮らしたいと、イタリア人は異口同音に言う。

写真 2·11　オルヴィエートの井戸

イタリアを自転車で走ってみた

私は、それらの街を自転車で走ったことがある。二〇〇三年の夏にレンタサイクルを利用してウンブリアの州都ペルージャからナルニ（ローマまで半分ほど南下した丘の町）まで一日のサイクリングを挙行した。挙行とは大げさな、と言われそうだが、五十代の私が行なったことに対してイタリア人が「それは暴挙だ！」と言った。若者でもそんな無茶はしない、と言う。

直線距離で約百キロメートルだから、日本でよく走っていた私にはそれほど無理な計画ではないと思っていた。日本から来る友人たちと、夕方七時にナルニのホテルで会うことを手紙で約束しての計画であった。

ところが、その行程は坂の連続であった。坂ではないところを走ろうと、地図で探しながら走ったのだが、いつの間にか高速道路に入ってしまった。一般道路がそのまま高速道路に入っており、たぶん三十キロメートル近く高速道路を走ったと思う。途中からこれはまずいと思ったのだが、平坦道の道路は大変快適だったから、注意されないことをいいことに走って、でも、トンネルを前にして諦めた。トンネルを車と一緒に走るのはあまりに恐ろしい。

トンネル入口横の脇道の一般道に戻って坂道を登っていったのだが、これが苦しかった。

しかし工程は後半分。少し休んで、坂道を黙々と走って、目的地ナルニのホテルに到着したのは約束の三十分後だった。彼らも電車が遅れたので、私の方が早く着いていたのでよかったのだが、私の消耗し切った姿に彼らはびっくりしたようだ。

イタリアの一般道は、坂ばかりである。道は町と町を結んでいる。街は丘の上にある。となれば、道は上り坂と下り坂で構成されているのは当たり前だ。そう言えば、一般の郊外行きバスは、それらの街をひとつずつ回っていくので、バスは上がったり下がったりの連続で走っている。

これは余談だが、ナルニからの帰りは、電車でペルージャに戻ったのだが、これは快適だった。単に電車だから、というだけでなく、走った自転車を吊って運んでくれる専門車両が普通に連結しているからだった。さすが自転車競技の盛んなイタリア、と感心したものである。そんな坂の道のイタリアで自転車競技が盛んだということの不思議は、別の稿に譲りたい。

都市門は街道の入り口

町から外に出るところに市壁の出入り口がある。小さな町でもかなり立派な門がついている（写真２・１２）。

門には名前が付く。ポルタ・ロマーナはローマの門という意味だが、このローマの名が付くのは、ここから出ると道はローマに通ずる、ということである。だからミラノ南東の門にポルタ・ロマーナがあり、これ以外にも東側にはヴェネツィアに通ずるポルタ・ヴェネーツィア、南西にはジェノヴァ方向へのポルタ・ジェノヴァがある。

市壁跡が作る都市の環状路

このミラノの町のように平地の町で

写真 2･12 都市壁の門（ウンブリア州　モンテファルコ）

は、ずいぶん前に市壁を壊して門だけを残し、壊した跡は細長い公園や緑地帯にしたところ（ヴェローナやルッカなどの都市）、前にも触れたが、細長い町の区画で残っているところ（ミラノやフィレンツェ）など様々だが、市壁のあった当時は、市壁の内側と外側の二本の道路があったわけで、市壁を壊してその跡が細長く残されることになる。二本の道路があまり間隔を空けずに設けられているので、そこが市壁のあったところだとすぐ分る。

丘の上に大通りがあるペルージャ

ところが丘の上の町では、壁を作るのは容易であったが、それがそのまま現在でも都市の地盤を構成する重要な構造になっている場合が多い。

ペルージャの中央通り（写真２・１３）は、この町出身の画家ペルジーノ・バンヌッチの名前の付いたコルソ・バンヌッチである。ローカル鉄道の終着

写真 2·13　コルソ・バンヌッチ（ペルージャ）

駅や地方行きのバスの発着所のパルティジャーニ広場から丘の上の町にエスカレータを三台乗り継いで昇って行くと、真っ暗な地下都市（ロッカ・パオリーナ）に出る。ここからまた階段を上がると先ほどのコルソ・バンヌッチに出る。エスカレータを上がると地下に出るというのも不思議だが、そこから上に上がると中世の町が現れるのが驚きである。

このタイムスリップしたような演出は、丘上都市だからできる表現で、下から上の町に上がるためエスカレータだけでなく、登山電車やケーブルカーなどが使われている町もいくつかある。（前出のオルヴィエートやベルガモなど）

大通りの下に町を作った

ところでペルージャのバンヌッチ通りだが、この通りは丘のテッペンにある。しかしドゥオーモから始まるこの大通りは、平たい通りがまっすぐ五百メートル続く。この立派な大通りが山の上にあることを考えるといかにも奇妙である。その端は断崖絶壁であり、ここに立つと、ウンブリアの沃野が一望に見て取れる。実はこの道は、大変な苦心の末に作られた大工事の結果なのである。
図5を見て欲しい。丘の上を削り（図5右）、逆に斜面に盛り土をして市壁と同時に人工地盤を造成したもの（図5左）である。傾斜地に住宅などを建てるときに日本でもよく行われる手法だが、ペルージャのユニークなところは、単なる盛り土ではなく、その部分を地下都市にしたことである。

この地下都市はある時は牢獄に、ある時は市場にといろいろな使われ方をしたようだ。今でもその中を歩けるが、天井の高い不思議な魅力を持った空間である。ちなみにその地下都市の上は大通りの行き止まりで公園になっている。

市壁に住むこともできる

丘の上は見晴らしが良い。敵の状況が容易に把握でき、攻められにくいので、日本でも戦国時代までは、山や丘の上に造られ、石垣の上に眺望のよい天守閣が設けられてきた。しかし日本の場合、町全部が城壁の中というわけではない。

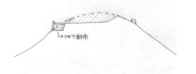

図5　ペルージャの造成工事

ペルージャは、地下都市の市壁だけでなく、傾斜地にたくさんの市壁をまだ残している。それらはそのまま現在でも使われている。もちろん現在では、敵から守るためではなく、市壁が建物の外壁になっているからである。市壁が住居になったのか、住居を市壁にしたのかという議論は、イタリア人には無意味だろう。住居も城壁も外敵から市民や家族を守るためのものだからである。この辺は、日本人にはなかなか理解が難しいと思う。

そして、初めてその市壁を見た者には、それが元からの傾斜地盤に石を組んだものなのか、新たに造成されて造られた建築構造物なのかがはっきりわからない。だから城壁の中に土や石が詰まっているのか、空間があって人が住む、もしくは物の倉庫になっているのかは聞いてみないとわからない。そして、石で組まれた市壁の上方に、窓が開いているのを見つけてびっくりする。そこから洗濯物が広げられていたり、カーテンがかかっていたりすると、そこに人が住んでいることでまたびっくりする。

一方の日本、平らな土地に木で組み上げ、土壁と建具で囲んだ我々の住居の軽い形状からすると、イタリアの住居の様相には大きな違和感を感ずる。

町全体がぐるりと切り立った崖状の市壁に囲まれた丘上都市は、そのまま全部が城塞のようにも見える。それら丘上都市の一つひとつを見てみると、それらの形が町の作られた丘や山の形に合わせて作られたこと、その個性に沿って出来上がっているのが判る。

丘上都市は外敵から身を守るためのやむにやまれぬ結果なのかも知れない。でも、その個性を見て歩く小旅行は、いつも大変に興味深い旅になる。自然との折り合いと駆け引きの結果は、大変にユニークな空間の生成につながっているのである。また、小さな町ではあっても力を抜かないレストランの味も、町巡りの旅の楽しみだ。

4．住居に見る安全意識

イタリアの塀

イタリアの町を歩くと、そこが大都市であろうと、五百人くらいの小さな町でも昔からの町では、建物は道の両側に隙間なく建てられていることがわかる。

ところが、丘の上の町でも初めは、塀の中に庭や畑があり、家が建てられていたようだ。今でもその頃のままの家を見つけることができる。しかし狭い市壁の中の人口が増えると、庭を潰して住居に変え、塀は建物に変わっていったようだ。と言っても、塀も建物の外壁も同じように石やレンガで作られるので、その差がすぐにはわからない。入り口からのぞき見ると雑草の追い茂る空き地であったり、美しく手入れされた庭園だったりする。

現在、イタリアでは不便な丘の上から抜け出し、下の平地に住居をつくる事が増えている。そこに建てられた住居は連続して建てられていない。

現在の法律は、消防法から建物間に一定の距離を取るよう定めている。その形は日本の住居のように塀の中に庭があり、庭の中に一戸建住宅も集合住宅も建っている。しかし、ここで考えさせられるのは、住居を塀で守るというより、住居で敷地全体を守っているように見えることだ。

日本のように生垣や板塀の方が住居より立派というような事はなく、建物はしっかりと造られ、その堅固さを主張している。だから、居住者の住居意識は家の外壁内に留まっており、その外に展開する庭空間まで及んでいない。地階（日本の一階に当たる階は地階）には小さな窓が作られ、頑丈な鉄格子がはめられる。大きな窓は駐車場の入口であり、頑丈なシャッターが設けられている。

日本の塀

一方、日本の都市部の住宅は、今まで戸建住宅が一般的であり、その一軒一軒が生垣や板塀で囲われている。生垣や板塀の中は小さな庭でその中に西洋から見ると甚だ開放的な住宅が建っている。生垣や板塀に比較するといささか貧弱に見える。イタリア人から見たら、防犯的には大変不安な住宅だと言われかねない。手慣れたイタリアの盗賊にとっては、日本の住宅は赤子の手をひねるようなものだろう。大きなガラス窓は、いかようにも壊せる事ができ、壁そのものを壊して侵入する事もそれほど難しくなさそうだ。しかし幸いなことは、日本にはイタリアほど手荒な強盗は居ないということだろう。

この日本の家の薄く軽い造りは、大きな窓とあいまって開放的な住居イメージを作っている。住居の中から見た場合、採光の面だけでなく、大きな窓からの外の景色は大きな絵画のような意味合いを持っている。外の景色、特にその景観のデザインが自由になる専用の庭の場合、住空間は庭の範囲まで拡大していると言えそうだ。

となれば、住居は塀や門を境に外部と接している事になる。日本のインテリアに大きな意味を持つ「山を借景とする」という文化は、一階部分の開放性を抜きにしては語れない。この日本の一階から眺める庭園との関係はイタリアでは考えられない。

イタリアにおける「外の景色」は、外で鑑賞するものであり、二階(イタリアの一階)以上から見下ろす文化だと言えよう。

写真 2・14　パラッツォ・メディチ・リッカルディ

パラッツォに見るセキュリティー

イタリアの大都市の住宅は、外敵の侵入を防ぐ城壁とも言える。隙間なく連なった建物の外壁は堅固に作られ、入口は厚い大きな扉がはめられる。入ると中に方形の中庭が設けられている。

この庭の目的は①通路、②採光、③通風、④作業場所、⑤集会所等であるが、②の採光が重要である。隣の建物との隙間が無いので、中庭からの採光に頼らざるを得ない。この中庭は、家の中といって良いだろう。

この中庭は、ちょっとした都市のパラッツォで見ることができる。パラッツォの語源は宮殿の意味だが、一五・六世紀のルネッサンス時代に栄えたフィレンツェにおいて、役場、司教館などとともに、富裕な貴族や商人などの住居を呼ぶようになった。

代表的な例はフィレンツェ市内のメディチ家の館〔写真2・14〕などだが、それらパラッツォは一階には堅固な外壁に鉄格子のついた小さな窓、重く大きな入口扉があり、見上げると上に行くに連れて階高が低く作られた建物は実物以上に巨大な外観で、大変に威圧的・閉鎖的な建物になっている。

ところが内部に入ると柱廊で囲まれた大変優雅な

写真 2·15 パラッツォ・メディチ・リッカルディ内部庭園

中庭に出る（写真２・１５）。この中庭から階段で上階に上がるが、大変開放的で伸びやかな空間である。外に対して厳しく、中には穏やかなこの対比は印象的である。

この形式はその後の他の都市、そしてヨーロッパ全域での流行となるが、このロの字型間取りは、イタリア人のそしてヨーロッパ人の特徴的な性格を表しているように思えるのだが、どうだろうか？

オアシスを持った内部空間

中に庭を抱えるこの形式は、集合住宅として発展し、真ん中に噴水を作ったり、井戸を設け水汲みの社交場となったり、木々を植えてちょっとした林のようにしたところも出てくる。地中海地域の国々では、北アフリカも含めて皆同様のロの字型プランが多い。これは現在のミラノやローマでも同じ状況を見ることができ

写真 2·16　パラッツォの中庭（ヴィチェンツァ）

る。全てが石やレンガで囲まれた街路から足を止めて、開かれた建物の内部を覗き見ると、緑の多い、オアシスのような景色を発見することができる。イタリア人は決して緑の全く無い日々を過ごしているわけではない。ただ、ちょっとセキュリティーに敏感と言うわけだ。

京の町屋

日本でも京都の町屋では、連なる住宅の中に中庭を有しており、その構成は西洋的であるといって良いだろう。京都はフィレンツェと姉妹都市になっていることを考えると、この二大都市の共通性が楽しい。（と言ってもイタリアのロの字型住居はフィレンツェに限ったものではない。平地の大都市、ミラノやトリノでも良く見られる構成である。）

町屋の庭（写真２・１７）は、屋敷の中の緑の配された部屋といっても過言ではない。客用の玄関の間に上がろうとすると、正面に二

写真 2・17　町屋の中

間四方くらいの中庭が見える。これは客人をもてなす絵画や盛り付けた花の役目を持っているといえよう。単に、土地に住居を建て、残った土地を庭にしているものではない。また、夏の京都は大変蒸し暑い季節だが、風を取り入れる空間にもなっている。

この町屋の考え方と同様、イタリアの古い街の住居は中に方形の庭を持っている（写真2・16）。町屋と異なるのは、住居が集合住宅である事であり、その平面図がロの字型やコの字型をしている事である。住居の明かり採りの窓がこの中庭に向けて作られている。二十世紀になるまでは、ここは馬や馬車の出てくる場所であり、中庭に面した部屋は、厩舎や馬車の格納されたところになっていた。馬が交通の手段として重要だった時には、馬が通るために門扉は大変大きい。

日本でも馬を家の中に飼っていた家では、扉は随分と大きいが、農家ではない都市部の家では、馬の使用はなく、日本の家に大きな扉を見ることは稀である。東北地方のカギヤのように一部で馬の入口と人の入口がいっしょになっているところがあるが、珍しい。

イタリアの都市の中庭は、その奥にもっと大きな中庭を持つ事がある。そこは通路として使用する場所ではなく、植栽が豊かに茂る緑地帯になっている。市壁の中の密集する住居群を維持するには、中庭の存在抜きにその構成を語る事はできない。

5．接客のインテリア

イタリアのエントランス

都市部における口の字型の住宅（パラッツォ）を紹介したが、住居は中庭から階段を登ったフロアーにある。現在では一階（イタリアでは地階）部分は店舗や住宅の一部、ガレージになっている。

前にも触れたが、イタリアの農村部でも人々は市壁を造り、その中に集まって暮らしていた。ここでの住居も地階は家畜場にされる場合が多いが、調理や食事空間も通常はこの地階に設けた。寝室は、二階に設

写真 2·18 丘の町の住戸のエントランス

けられたが、これは防犯上でもあるが、湿気を嫌ったからである。

玄関（ingresso）

イタリアの玄関は、外と中を画然と分けている。しかし、日本人に、どこまでが玄関かと言われたらイタリア人は困るに違いない。イタリア人には、玄関という空間よりも、扉の存在そのものが全てと言ってもいいだろう。扉の内と外には、日本人が思う以上に大きな差を抱いているに違いない。それらの住戸にイタリアの友人たちを訪ねてみると、防犯意識が我々日本人とはずいぶん異なっているのがわかる。

まず、イタリアの入口扉は内側に開く形式である。日本の扉は逆の外開きである。日本の扉が外開きの理由は、玄関で靴を脱ぐからであり、脱いだ靴が置かれていたら内開き扉がぶつかってしまうからである。それ以外に、雨が中に降り込むことを防ぐためであった

写真 2・19　イタリアのエントランス

り、その雨が中に流れ入るのを防ぐため玄関土間が中に向かって高くなっているので扉が土間にぶつかってしまう。また、地震があったらすぐ飛び出せるからだとも言う。これだけ理由があれば、内開きなど考えられないのが日本人だが、イタリアの家のエントランス扉は内側に開く・・・のだ。

イタリアの泥棒は扉を壊す。

日本の泥棒は鍵をはずして中に入る。ところがイタリアでは、扉そのものを壊しにかかるのである。扉が壊れなければ壁を壊す。イタリアの盗賊は大変乱暴だ。

イタリアの玄関扉の頑丈さは我々の想像を超えている。扉に仕掛けられた直径が二センチメートルほどの鉄の棒が壁の中に五~九センチメートル入る錠前である。これが上下左右に壁の中に突き入る仕掛けだ。そんな扉は大変に高価である。その金額を聞いたら、それで守るそれ以上の価値ある財産が家の中にあるとは思えないほどだ。

錠前が頑丈だったら扉を壊すから、扉を頑丈にする。そんな状況だから扉を建物に取り付けている回転軸（丁番）を外に露出するなどはもってのほかである。石やレンガで造られた厚い壁の出入り口では、木や鉄製の扉枠を出入り口の内側に取り付けている。内部に取り付けることで扉を壊され難くしているのである。

しかし、扉が頑丈なら、壁を壊すこともやってしまう。バカンスで一家が出て行った後に「リフォームしてます」の看板を外に出して、堂々と壁を壊して、家財道具一式を持ち出すと言う派手な盗賊もいたことも報じられてる。そうなるともう手が付けられない話だが…。

地震も怖い。この間もイタリア中部に大きな地震があって多数の死傷者が出た。イタリアも地震国なんだと初めて知った人もいたはずだ。しかし、地震で外に出やすい外開きの扉を手に入れるより、盗賊や敵の侵入を防ぐ内開きの扉が何より重要なのである。

イタリアの玄関には靴箱が無い。

イタリアの家の扉は内開きだとするなら、扉が何かにぶつかったりしないのか？日本の玄関の状況を見慣れている我々には、いくら靴を脱がないイタリア人だってスリッパぐらいには履き替えるし、入り口にはいろいろあるに違いないと思う。でも扉を押して入ると、床は何の段差も材料の違いもなく、奥にそのままつながっているのを発見する。

あっけなく何もない。無いほうが良い。ここは客を迎えるところであり、握手や抱擁しての挨拶の場だからである。大きなゼスチャーで迎える彼らには邪魔なものがあってはいけない。

あえて言えば、コート掛けなどがある。といっても3・4個のフックが壁から突き出ているか、独立式の木製などのコート掛けがある。この独立式のコート掛けは、いつも置いてあるというより、来客時に別の場所から持ってくることが多いようだ。鏡にしても廊下の一部に取り付けられているだけだし、ちょっとした棚があっても、決まったものを載せるわけでもない。

花瓶や額などが配された賑やかな日本の玄関と比べると、大変にあっさりしている。これらは全て、入り口で靴を脱ぐ習慣がある日本人と、脱がないイタリア人の大きな違いが作ったものだ。

靴はどこで脱ぐ？

話はセキュリティーから外れてしまうが、玄関で脱がない靴はどこで脱ぐのか？

寝室で脱ぐ、である。

イタリア人は元来、靴を一日中履いている。脱ぐのは、シャワーを浴びる時か、寝る時である。脱いだ靴はベッド脇にそのまま脱ぎ置くか、寝室内のクローゼットに収納する。

しかし、最近家で室内履きに履き替える人が増えた。これは大きな暮らしの変化である。理由の一つは、健康面からである。

石やタイルの床は冷たく硬い。高齢者にとってこの冷たさ、硬さはこたえるようである。日本の住居の木や畳の床のソフトな踏み心地や暖かさはない。だからカーペットを敷いているのだが、到底畳には勝てないだろう。

もう一つは靴の締め付けから足を開放することだ。イタリアの広告のおなじみの一つが、足の病気から守る健康靴（室内履き）の宣伝である。想像以上にイタリア人の足首や足指の障害は重大である。

足を引きずって歩く老人の姿をよく見る。そして、玄関や玄関脇の台所に室内履きを置く家庭が出てきた。家に入ったら、そこから後は、全て寛ぎの空間というわけだ。

家の中は私的、公的空間が分かれていた

元来、家の中は寝室とその隣のトイレ・浴室だけがプライベートな空間であった。そこ以外はパブリック空間であって、きちんとした服装でなければいけない、つい最近までヨーロッパの良家ではそういう教育がされていたのである。

それは、ホテルの個室から一歩出たら、スリッパ・パジャマ姿ではいけない、という西洋作法の世界である。

それが今、崩れつつある。

【注2・1】（ローマ帝国が崩れた）

写真 2·20 サンドナートミラネーゼの我が家からミラノの市街方向を見る（1982 年）

九～十世紀にかけてのイタリアの混乱期は、南からサラセン人が、北からはマジャール人が侵入し、各地を荒らし回っていた。また、小都市国家を形成していた中世（十～十六世紀）の時代では、たえず近辺にあるいくつかの小都市国家からの侵略に身を守らなくてはならず、幹線道路から外れた山中に居を構えるということは大変に有効な手段であった。（イタリア中世の山岳都市p79　竹内裕二著　彰国社）

第 3 章　文化になった暮らしとインテリア

1．和食と洋食

ミラノ万博

二〇一五年五月、イタリア・ミラノで開かれたミラノ万博は、食の世界にとって新しい時代を象徴する出来事だった。「食の万博」だから当たり前かもしれないが、日本にとっても外国においても大きな意味を持っていたと思う。日本ではそれほど大きく取り上げられなかったが、日本食が、そして日本文化が西欧に与えた影響は、幕末一八六七年のパリ万博に匹敵するものではなかっただろうか。

パリ万博がどうであったかは詳しく取り上げないが、西欧文化圏に日本が初参加したものであり、西欧人にとって高い文化が西欧以外にもあることを大きく知らしめたものであった。

二〇一五年のミラノ万博での日本館も大変な人気だった。並外れた人気から、日本食ブームと言ってもよいものがイタリアで起きて

写真 3·1 ミラノ万博　生命の木

いた。それまで寿司を中心とした日本食店が世界各地にできてはいたが、この万博で明確な市民権を西欧各国から得たと言ってよい。また、二〇一三年にユネスコ無形文化遺産に和食が登録されたことも記憶に新しい。筆者のイタリアの友人たちも万博の話をたくさん報告してくれた。

ミラノ万博は、五月に始まり十月に終わったが、日本館は最初から大変な評判になり、連日のようにテレビでの万博関連ニュースは、日本館の出し物が何であったかを大きく伝えていたようである。

それは、日本人が箸で食べることから始まり、その料理の多様さ、食材の豊かさ、そしてヘルシーなこと、おいしさの秘密など多様にわたる日本食の報告と、毎週変わる日本館のメニューを紹介したようである。毎週変わるメニューは各都道府県が代わる代わる地方料理と地酒などの飲み物、菓子、お茶などを、地

写真 3・2　会場入り口の列

域ごとのいでたち、食器やテーブル周りのディスプレイで振舞っていたので、何度でも入場できるパスポートを買った人たちは毎週のように通っていたようである。

筆者は、そんな日本館に二回トライした。開場前から万博会場入り口に並んで走って向かったが、二度とも失敗した。すでに二〜三時間待ちの長蛇の列がすでにできていた。他国の展示館は列さえもができていないときに、である。イタリア人の列を作る忍耐力に脱帽したのだが、また、日本食の持つ人気に呆然としたしだいである。

そして、日本食の存在感が増したことで、日本食と西欧の食の違いが改めて認識されることにもなった。

「旨味とは何か」など料理の味などから見た違いについては別に譲るとして、ここでは筆者の専門領域であるインテリアデザインから眺めた違いを述べていきたい。

写真 3·3　日本館入り口の看板

【お願い】文中で、「日本食」、又は「和食」と記して統一されていないが、日本から見た日本食は和食がぴったりくる、外国で考える和食は日本食が適しているように思え、この二つの言葉はどちらに立って論じているかで切り替えていることをご容赦いただけたら幸いである。

食器を持つ文化、持ってはいけない文化

茶碗を持たずに食べて、お母さんに叱られた経験は誰にもありそうである。日本では茶碗は左手で持って食べることになっている。汁椀を欲しい時はご飯茶碗を置き、汁椀に持ち替えて口に運ぶ。決して箸を持つ右手で持ってはいけない。日本人はこのように小さい時から躾けられる。

しかし、西欧では、食事においてパスタや肉の皿、スープの皿を持ち上げて口に運んではいけない。ただ、最後のスープは、片側を持ち上げてスプーンですくうが、全てを持ち上げることはない。

写真 3･4　イタリアのレストラン

なぜこのように洋食と和食は異なっているのだろう？

西欧人が食器を持ち上げなくて、日本人が食器を持ち上げるのは、各々の食文化のマナーの違いであろうが、マナー（作法）とはそもそもそれが便利で、理に適っているから、そうなったものと考えるべきであろう。

となれば、日本人が持ち上げて食べるのは、持ち上げないと食べにくかったからであり、西欧人が持ち上げないのは持ち上げなくても食べられるからであろう。であるなら、その違いはどのように説明出来るだろうか。

2．日本の食卓

箱膳とお盆

現在の日本人は六百九十～七百ミリメートルの高さのテーブルに座ってご飯を食べている。ところが、以前の日本人は、低いところに置かれた食器でご飯を食べていた。

写真 3·5 箱膳

写真３・５のお茶碗の置かれている箱状のものは、箱膳という。床から高くても二百ミリメートル程度のものである。明治時代の後半に使われ始めたちゃぶ台（写真３・６）が現れる前にはこの形式の膳（ぜん）が特に都市住民を中心に使われ、日本人は個人用のローテーブルでご飯を食べていたのである。実はお茶などを運ぶお盆によく似た膳（写真３・７）も使われた。折敷（おしき）と呼ばれ、正式なテーブルの一つであった。現在でも伝統的な和食の店ではこれが使われている。

お盆は現在でも縁側などでご近所の方にお茶を出すときなどに使われ、結局お盆がそのままテーブルの役目を果たしている（写真３・８）。

最近、西欧でもお盆が登場し始めている。イタリア・ミラノの家具の展示会に

写真 3·7 折敷※2

写真 3·6 ちゃぶ台※1

出品されているリビングセットの中で、リビングチェアの座面にグラスの載った木のお盆が置かれているのを見てびっくりしたことがある。配膳のためのプレートはもうすでに西欧ではおなじみだが、和風の木のお盆はちょっとした驚きであった。このもてなしは、ソファに付随するものとして西欧の展示会ではスタンダードになりつつある。西欧風のインテリアに和風はミスマッチ、と考えるのは我々日本人ぐらいで、西欧人には大変新鮮に思えるようである。

折敷に脚を付けたり、板で覆った箱膳が日本の近世の食事に使われ、食器を床に置くより快適に食事ができるようになったわけだが、ちょっとしたお茶などの出る軽食では、お盆一枚がつい少し前の日本では頻繁に使われていた。

いや、お盆さえ使わずに床で食事がされてきたのが日

写真 3·9 お茶席

写真 3·10 縁側でのお茶

本人の食事スタイルの基本だったと言えそうだ。現在でもお茶席でのお茶碗は床に置かれ、客は畳の上のお茶碗を取り、これを口元まで持ち上げていただくのが作法である(写真3・9)。

日本の床はテーブル

と言うことで、日本の家の床はテーブルだと言っても納得していただけただろうか。

しかし、俄かにこれを理解するには、我々はあまりに西欧化しており、頭が混乱してしまいそうである。そして、足で歩くところに食器を置くなんて考えられない、と思われるかもしれないが、日本人はそれをやってきたのである。

写真3・11の縁側では、お盆を使っていないが、この光景は我々日本人には何の不思議も感じない情景である。歩くところにそのまま食器が置かれている。そして、写真3・11を見て欲しい。農家の食事はこの囲炉裏で行われた。

囲炉裏の框部分は囲炉裏を囲んで食事をする場合の細長いテーブ

ルである。框が少し高く作られる場合もあるが、通常は床と同じ高さが多い。

現在、その囲炉裏の周りに座卓を巡らして食事用のテーブルとするところもあるが、現代人用であり、現代人には床の高さのテーブルはやはり辛いということだろう。

床に座って食事をするとき、床から食事を受ける口までの高さは、七百～八百ミリメートルである。この距離で、箸でご飯を摘み、口に運ぶのは大変である。お茶碗を左手で持ちあげ、口の傍まで持って行き、わずかな距離を箸でご飯を口に運ぶ。こうやって考えることさえ不思議なほど、われわれには、茶碗を持って食べることは自然である。だから、食器に左手が届けば、遠くに置かれても我々はスムーズに料理を口元に運ぶことが可能だ。もし食器を持っていけないなら、写真３・１２のようにたくさんの食器の並んだ場合、食べることはとても難しい。では、西欧人はなぜ食器を持たないマナーを作ったのだろうか？

写真 3·11 囲炉裏の食事風景

3. イタリア人のインテリア

西欧のテーブルの高さ

表3・1は、イタリアのレストランなどでの実測値である。これでわかったダイニングテーブルの高さは、七百三十五~八百四十ミリメートルである。日本で販売されているダイニングテーブルは、六百八十~七百ミリメートルであるから、それより五十五~百四十ミリメートルも高い。そのため、ヨーロッパ直輸入のテーブルは、足を切らなければならない。そのため猫脚のテーブルは足部分が重要であることから不自由でも高いままで使われることが多い。客の「なぜこのテーブルは高いのですか。」の質問に、日本の家具店では「西欧人の背が高いから」と言ってきた。だが、イタリア人は日本人とそれほど身長が変わらない。

現在では、「西欧では靴を履いて使用するのに対し、日本人は靴を脱いだ住居の中で使用することが原因」と訂正されつつある。

写真 3・12　お膳

しかし、ことはそんなに簡単ではない。日本でもレストランで使用する場合は、靴を履いて使用しているからであり、そこでのテーブルの高さは七百ミリメートルなのである。西欧のテーブルは高い、とすれば、それはどんな理由からであろう。日本人のように床にお茶碗を置くことはなぜなされなかったのだろう。それを知るために、イタリア人の家がどのようにできたのかを考えてみたい。

写真 3・13　2018 年 3 月 29 日ホテルの朝食

表 3·1 イタリアのレストランなどでのテーブル・椅子の高さ

2008年	地域（都市）	場所	テーブル	椅子	差尺
3月1日	ミラノ	ホテルの朝食	760	465	295
7月29日	フォリーニョ	ホテルの朝食	735	465	270
	〃	駅のBAR	770	465	305
8月1日	〃	ホテルの朝食	745	460	285
	〃	BAR	760	450	310
	〃	レストラン	785	460	325
8月7日	〃	ホテルの朝食	735	420	315
		平均	756	455	301

2018年	地域（都市）	場所	テーブル	椅子	差尺
3月23日	マルゲーラ	レストラン(夕食)	815	475	360
3月24日	〃	ホテルの朝食	765	500	265
	ヴェネツィア	BAR（夕食）	760	465	295
3月25日	〃	ホテルの朝食	785	470	315
	〃	レストラン(昼食)	795	445	350
3月26日	ヴィチェンツァ	ワインバー	800	475	325
3月27日		ホテルの朝食	740	420	320
		レストラン(昼食)	795	470	325
3月28日	パドヴァ	レストラン(夕食)	800	480	320
3月29日		ホテルの朝食	840	440	400
		平均	790	464	328

【差尺について】

テーブルの高さとイスとの関係は、差尺（さじゃく）と呼ばれる寸法が重要とされる。日本の家具業界では二百七十～二百八十ミリメートルほどを適合寸法としている。その差尺が西欧では大きい。多分、こう言うと激しい反発が日本の業界から起こりそうである。差尺は人間共通の尺度だと。しかし、表３・１を見て欲しい。二〇〇八年と二〇一八年の二回イタリアで測ったテーブルとイスの座面の高さである。その差が差尺であるが、この表で分かる通り、三百一～三百二十八ミリメートルがイタリアでの差尺であった。

差尺とは、イスの座面からテーブルの表面までの高さを言う（図３・１）。ここでも「西欧人は背が高いから」と言われそうである。確かに南欧に比べ、ドイツ、イギリスや北欧の人たちは背が高い。しかし、西欧人は、脚は長いが、座高はそれほどではなさそうである。

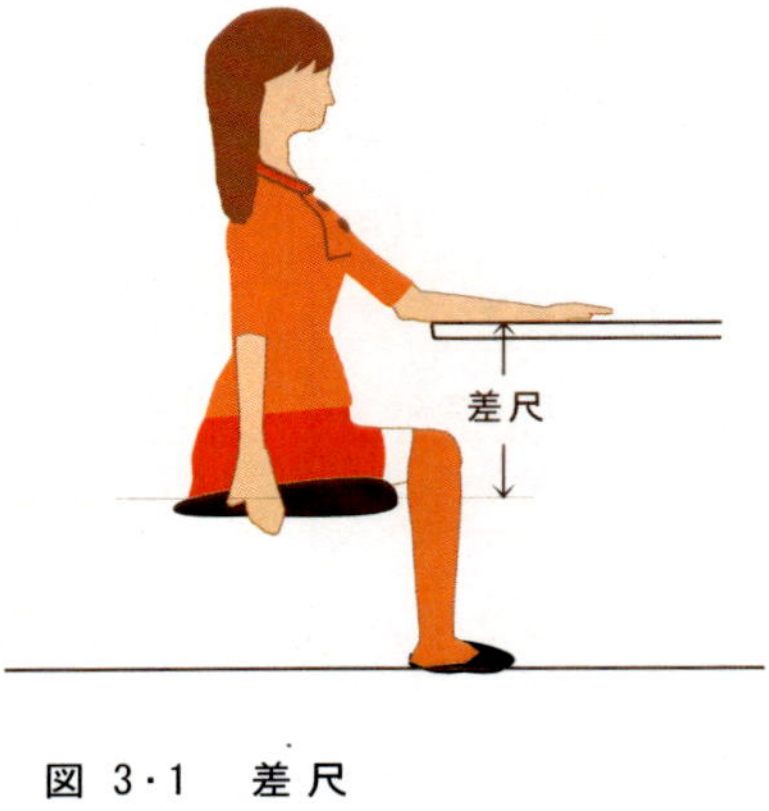

図 3・1　差尺

イタリア人の丘の町

第２章で述べたが、イタリアの大半の町は丘の上にできたものである【注1】。他国や外敵から守りやすいこと、マラリアなど伝染病対策として高いところに住むことが重要だった。

山や丘の上に作られた町は、家を建てるために平らな場所を作る。傾斜地に家の敷地を造成するわけだから、より高い隣地が崩れ落ちてこないように、そして敷地の下の隣地に対しても石組して石垣を作らなくてはならない。この石組みの技術がそのまま家の壁つくりに使われ、家は石で作られ、床も石で張られる。しかし、石は石垣や家だけに使われたのではなく、それ以上に重要なのは町全体に巡らされた城壁(都市壁)と道である。

丘の上に作られた町の道は、全て坂道と階段とで構成されているといっても良い。町を同心円状にめぐる道(第2章　図2・4)が何とか平らと言えるが、その道もあちこちで坂になっている。そのため、道は雨が降ると川になり、歩けば滑る大変な道になる。そのため、早くから道は石やレンガで舗装されなければならなかった。階段ももちろん石で作られた。そして、その脇に建つ家や教会も石造りであるから、町全体が石でできているように見える。そして、その石の道から家に入る場合は、雨が家に入らぬように少しだけ床を高くし、入り口に扉がつけられる。

家の床は基本的に外の道の延長である。だから石張りである。異なるのは、入り口に頑丈な扉がつくことだ。外から帰ってきても、イタリア人は靴を脱がない【注3・1】。靴箱が入り口にない家では、そのままエントランスからダイニングや寝室に入る。座るところは椅子の上、ソファの上である。決して床に直に座ったりしない。

イタリア人のインテリア

山や丘などは、水捌けの良い場所である。そこに作られた町は水捌けが良いはずだ。丘の家の床（石やレンガ、タイルで作られる）下の地面は、湿度が低いので、日本ほど湿気に神経質になる必要がないはずだが、直に床に座るのはやはり具合が悪い。南欧といってもイタリアの冬もかなり寒いのである（表1・1）。

暖炉やストーブで薪などを燃やしてできた暖気は上に上がりやすく、冷気が床を這うことになる。だから、床から少しでも高いところに座るほうが温かい。また、藁などで作られた座るためのクッション材は、湿気に弱いので、これも床から上に離したほうがよい。

これは、座布団を地面に敷くことを想像してもらえたら、容易に理解できるだろう。

土の上に石やレンガを敷くことは、湿気対策に良かっただろうが、石やレンガもわずかでも水を通すし、やはり冷たい。直に座ったり、寝たりすることは避けたい。そして、外から帰ってきたそのままの土足で歩く床は清潔とは言えない。だから、イタリア人(西欧人)は、座る場所や寝る場所を土間(石やレンガの床も含めて)から離して作るようになった。ただし、日本のように地面から離してその上部に床を作るのではなく、イスやソファ、ベッドなど体を載せる部分だけを地面から離したことが重要である。

それに伴って、テーブルなどの作業面も高い所に作られる。そして、肉食が多い西欧では、力の必要な肉の解体には高いテーブルが必要であった。料理やもの作りなどの作業は動きやすいように立ち仕事が多いからだ。

一方の日本、稲わらから多くの生活用品を作ったが、それらは床に座って作られた。身に着けるものとして、菅笠、合羽、草鞋、ものを入れる俵、床材の筵(むしろ)、屋根材、土壁のすさ等、挙げれば切りがない。

私の実家は家具職人の家だったが、床に置かれた厚い無垢板に簡単な脚がついた高さ十五～二十センチメートルほどの台の上で箪笥造りが行われていた。立って行う作業より座布団に座ったり、立膝しての仕事が多かったと思う。

イタリアの職人の家では、食事用のテーブルは、そのまま家具や道具などを作る作業台としても使用されたに違いない。用途によって作業台の種類を用意するほど発達していなかった時代では、家具が未分化の状態であり、少々の高さの違いは体勢の変化で使いこなすことが求められた。立ち仕事と座り仕事のテーブルでは、高さを変えるべきだと考え始めたのは、現代になってからである。ではその高いテーブルでの食事から作られた、マナーについて触れてみたい。

4．西欧の食卓

フランス料理はイタリアから

西欧料理と言えば、まずフランス料理が挙げられる。ところがそのフランス料理は、フランス国王アンリⅡ世に嫁いだメディチ家のお姫様カトリーヌ（イタリア語名カテリーナ1519〜1589）がイタリアから伝えたのが始まりだとされる。料理だけでなく、フォークやアイスクリームまで初めてフランスに持ち込んだとされるから、それまでのフランス人は食べ物を手で食べていたことになる。

カトリーヌは、野蛮国フランスに行っても、それまでの生活を捨てたくないと宣言。料理人もお針子も生活用具も全てをイタリアから運んだ。

フランスも馬鹿にされたわけだが、それがあったから、フランスは世界一の美食国、ファッション国になったわけで、こんな話が歴史を知る面白さだろう。

カトラリーと箸

フランス料理の基を作ったイタリア人の食事のマナー「皿を持たずに食べる」を考えたい。皿を持たず

写真 3·14 カトラリー

に食べるためには、食物を確実に口に運ぶためのナイフ、フォーク、スプーン(写真3・14)が必要である。

持ち方は、右手にナイフ、左手にフォーク、もしくは右手にスプーンである。しかし、この三つの道具は、箸の機能とは別の役目を持っている。箸の食物を掴み取る機能は、西欧では主にフォークの役目であるが、スプーンとナイフは箸にはない機能を持っている。

スプーン

まずスプーンの機能であるが、スープを飲む、もしくはフォークでとらえられない柔らかなものを口に運ぶために用いられる。ところが日本では、汁系の料理は、食器を口に当て、直接口に流し込む方法を取っている。そのため、和食でのスプーンは、茶碗蒸しなど箸で取ることができないが、かといって食器から口に直接流し込む料理ではないものなどを口に運ぶために使われている。

しかし、近世日本(江戸時代など)ではスプーン(匙)はほとんど使われていなかった。よく「匙加減」と言う言葉が使われるが、調味料や薬など少量で使用する液体や粉末状のものをすくうために用いられてきた。しかし、食事での使用は、明治以降の洋食の登場によって使われ始めたと言ってよいだろう。

実は、匙は古代日本では中国から移入され、貴族階級を中心に食事によく使われていた。ところが平安時代中期の国風文化の発展の中で食事から匙が消えていく。それは、茶碗などの器を直接口につけ、汁などを口中に流し込む方法がとられていったからであろう。

フォークの持ち方

日本の箸に代わるものはフォークとなりそうだが、よく考えるとフォークは皿の左に置かれる(写真3・14)。肉を切るためには利き手にナイフ、逆の手にフォークとなる。フォークは利き手側にない。フランス料理ではメーン料理が肉や魚なので、どうしてもこうなる。だが、イタリア料理では必ずしもこうならないのだ。

イタリア料理でのフォークは、右手で持つことがあるということである。フォークが箸の代わりだとすると、これは日本の作法に似ていることになる。

イタリア料理とフランス料理の違いは、パスタの扱いが異なることである。

ナイフはダイニングの調理器具

そしてナイフ、ナイフは食物を口に入れるのに適した大きさに切るための道具である。この機能は、箸にはない。箸を使っての食事では、料理は箸だけで食べられることが前提になっている。魚などは、箸でも充分に身を細かくできるから、大きいままで出てくるが、箸でつかんでそのまま口に入れられない料理は基本的に和食にはない。だから、和食と洋食の違いは、箸があるかないかで判断できるが、もう一つの判別法は、食物を切るためのナイフがあるかどうかである。

つまり、西欧料理は、そのままでは口に入れられないサイズの料理が出てくる。敢えて言えば、和食からすれば、洋食は未完成の料理である。食事する者が、テーブル上で切り分けることで完成する料理である。

未完成の料理と言えば、イタリアでサラダを頼むと、野菜の切ったものが出てくる。この場合は切れているからいいのだが、味付けは自分でしなければならない。頼めばやってくれることもあるが、通常は、オリーブ油、酢、塩、コショウのセットを渡され、これで各々客が味付けすることになっている。

西欧料理では台所や厨房の続きとして、客や家族がテーブル上で調理をする料理なのである。

対する和食は調理し終わったものが出てくる料理である。ここで考えたいのは、ダイニングテーブルで調理する洋食と、出来上がっている和食の違いは、食事のステージであるテーブルの高さに、大きな影響を与えていることである。

厨房とダイニング

西欧においては、調理台と食事台(ダイニングテーブル)が同じものが使われ、それが発展して分かれていったことが考えられる。そう考えると合点がいく。

調理台で使われていたナイフがそのままダイニングテーブルで使われ、そこで一人分に切り分けられた肉などを、今度は食べる者が口に入れる大きさに切ることになる(写真3・15)。決して一口大の大きさになってダイニングテーブルに出されるわけではない。

食事の量や味付けは、食する者によって異なる、これが個性を重視する西欧のやり方なのだ。一方の日本人は、会席者はみな同じ立場として考えられる。だから同じ量、味付けの料理が当たり前で、プロの料理人が作ってくれたら、それに従うのが作法である。これが日本風なのだろう。

そうなると、日本の厨房と食事の場所は、まったく切り離されたものであり、調理台の上で作られた料理が折敷に載せられ、客人の前に登場することになる。

板前と料理人（capocuoco）

和食のプロの料理人と言えば、板前さんと呼ばれる。まな板の前にいるので板前さんだが、彼らの大事にしている道具は包丁である。食材を如何に美しく切り、盛り付けることができるかに腕がかかっている。板前のリーダーは板長、もしくは花板とも呼ばれる。和食を目指している者の憧れの役職だ。

写真 3·15 テーブル上での切り分け

一方、イタリアでこの板長にあたる人は料理長ということになる。だが、料理長が右手に持つものは、包丁ではなく、お玉である。料理の味を確かめるためのお玉だ。もちろん包丁も使う。しかし、板長ほどの包丁の種類は持っていないようだ。どのように切るかといった和食の料理人ほどこだわっていないのではなかろうか。

包丁とまな板

イタリアで調理器具の店に入り、その包丁やまな板について調べてみた。しかし、これらを探すのに少なからず時間がかかった。やっと見つけた包丁とまな板は、あまりに種類が少ない。

そこでイタリア人やイタリアに住む日本人にイタリアの主婦はどんな風に調理しているかと聞いてみた。その結果、まな板を使う台所仕事はあまりしない、という答えが異口同音に返ってきたのである。じゃあどうやって料理をしているのだろう。

イタリアの家庭に食事に誘われた時、美味しくても、「レストランみたいにおいしい」と言ってはいけないそうだ。正解は「レストラン以上においしい」である。そんなイタリアの家庭料理は、意外とまな板が使われることが少ないらしい。

実は、包丁自体も日本のような大きな包丁が使われないようで、よく切れる小型のナイフでほとんどの食材は切られているようだ［写真3・16］。そしてその使われ方だが、例えば、ジャガイモを切る時は、左手で持ったジャガイモの皮を右手のナイフでクルクルと剥き、剥いたジャガイモをこれから茹でるための鍋の上に持って行き、そこで手の上で切り分けてそのまま鍋の中に落とし込むのだそうである。

ニンジンなどと併せるときにはボールの中に鉛筆を削るように　どんどん切り入れて混ぜ合わせ、鍋などの中へとなる。だったら、まな板は不要なのであろう。ただ、チーズや生ハムなどを切ってそのまま出すのに小さなまな板を使うといった出し方もあるようだ。しかし、これは、木製の皿といった方が適当だろう。

となれば、食材の切り方は多くの種類にはならないにちがいない。

写真3・16 デパートの調理器具売り場にあった小型ナイフとまな板

まして、うさぎの形のニンジンや、タコの形に切ったウインナなどが詰め込まれたキャラ弁は、登場し難い。そんなに凝って作ることなど考えようがないのかもしれない。

調理台とダイニングテーブル

そんなイタリアでの調理台では、包丁も切り方もシンプルで、主婦の腕の見せ所は味付けということになるのかもしれない。

オーブンで焼いた大きな肉は、そのままバケットに載せられ、ダイニングに運ばれ、そこで家族の要望を聞きながら切り分けられる。もちろん、包丁は良く切れる小型ナイフである。

そんな主婦の活躍には、調理台の前でも食事台の前でも、立って作業できる高さが必要である。そのためには、調理台もダイニングテーブルも同じ高さが良いわけで、ダイニングはどうしても高いものが選ばれることになるのではなかろうか。

愛知県には、リトルワールドという海外の家と暮らしを見ることのできる博物館がある。そのイタリア館、フランス館に置いてあるテーブルは八百ミリメートル以上あり、調理台は同じ高さのものが置かれている。興味あれば、訪ねて欲しい。

5．日本の床

靴脱ぎの良さ

では、日本人はなぜテーブルを使わずに、床面や床に近いテーブルで食事をしてきたのであろう。これを解く鍵は日本の高床であり、西欧にはなかった靴脱ぎの習慣があったからである。

大学の授業で靴脱ぎについて学生に聞いてみた。結婚して家を作ることになったら、家の中で靴を履いての生活が良いか、靴を脱いでの生活が良いかと訊ねた。

百パーセントの女子学生が靴を脱いで生活したいと言う。その理由は、靴を脱ぐから住居の床に外部の泥や汚れが持ち込まれないこと、家に帰った安心感やくつろぎ感が得られること、脱ぐことの気持ち良さなどを回答してきた。

今、我々現代人は、床や箱膳ではなくダイニングテーブルを使って食事をしている。しかし、夏に暑ければ裸足になり、ソファの前

の床に座ってテレビを見る、カーペットを敷いて布団で寝たりと、家の中を全て座面として使い、畳の床は寝転ぶマットレスだ。そして、その床に食器を置いて食事をしたら、先祖が行ってきたことを同じようにしただけになるのであろう。

日本の家は木造床

高床ができたのは、日本が温帯モンスーン気候の森林資源の豊かな国だったからだといわれる。確かに日本の家は木がよく使われている。家の構造も壁・床・天井の仕上げ材も、そして窓や出入り口の開口部材も木材で作っている。

それは、木が住居を作るのに大変便利な材料だからである。雨が少なく木があまり育たない国でも、屋根や二階の床などを作るのには、高価な木を遠い地から運んできて使っている。

ところが家を石で作ろうとすると、重い石を積み上げるわけで大

写真 3･17 縁の下※4

変な労働になる。そして、窓や出入り口を作るのは大変である。大きな窓は作れないし、扉を作るのに石が不向きなのは想像がつくだろう。

西欧でも木材の豊かな国々はある。日本は北欧から大量の木材を輸入している。ところがそんなログハウス発祥の国でも住居は高床ではない。高床は高くした分がコスト高になり、バリアフリーの見地からもよくない。

日本でも町屋などの店舗では、土足で入りやすいように、雨が流れ込まない程度の高さの土間になっているのが普通だ。そんな便利な土間を家の床にするのではなくコスト高と思われる高床を日本人はなぜ選んだのであろうか？

水田の横に建てられた住宅

高床にしたのは、日本人が稲作を食料確保として最重要な作業としたからである。

一粒の麦を育てて収穫できるのは百五十粒、しかし、米は一粒が

写真 3・18 農家の土間から床を望む※5

麦の十倍以上二千粒の米を作ることができる。稲作地帯である東アジアはその米によって大変人口密度の高い地域を作っている。

しかし、米を育てるには、水の管理が重要である。稲の生長期である春には、豊富な水が必要だ。そして刈入れ時には水は必要が無い。その管理には大変な労力が必要である。そして、増水したら、洪水に神経を使わなくてはならない。もし、川の堤防が決壊したら、家や田畑の全てが失われる。

しかも、その近くに建てる住居は、水や湿気から守らねばならない。洪水も怖いが、湿気による土台の腐朽はなんとしても防がねばならない。多くの失敗の上から日本人は、腐りにくい土台と、地面から離れた住居を作っていったのである。

まず地面に石(束石)を置き、その上に家を支え地面から離す脚(桁)を設け、その上に土台を載せ、床を張る。土地と床の間には、四十～五十センチメートルの高さの縁の下ができ、間を風が通るように作られる。この風が、家を湿気から守る風である。畳を敷く場合は、板床は隙間を空け、その上の畳の湿度を下げる工夫をしている。

高床が家具から脚をなくした

実は、日本には大和朝廷の時代にはテーブルも椅子もあった。高い文化を誇っていた中国から遣隋使、遣唐使によって仏教と共にベッドやイス、テーブルや収納家具が移入されていたのである。そのどれもに脚がついていた。中国は住居内を靴を履いて生活する文化を持っていたからである。

当初日本人もその文化に従ったが、平安時代中期になる頃、それらの家具から脚がなくなっていった。高床の生活により、床に座り、床に寝る生活が自然になっていったのである。床に座ったら低い家具が使いやすい、ベッドのマットレス部分の畳だけでよくなってしまったのである。

6．和食の文化の教えること

梅の花から桜の花に人気が移り、漢字からひらがな・カタカナが生まれたのもこの頃で、これが現在国風文化への移行期と捉えられているものだ。

稲作が作った高床住宅

日本の住居は稲作に便利な住まいとして作られたと言ってよいだろう。その住居形式の高床は靴脱ぎの文化を作り、フロアーライフと呼べる開放感のある寛ぎ文化を創っている。床に置かれた食器や茶碗を手に取り、箸を使って食事やお茶をいただく。世界に類のない食事スタイルは、こうやって生まれた。

稲作が日本に渡来したのは、弥生時代のはじめとされているが、それ以来、米の価値は安全以上に重要なものとして日本人にとらえられたと言ってよい。戦争は制圧者の考え、行うもの。農民はコメを作っていればよい。そんな考えがあったからではなかろうか。外敵に対する防御が殆どなく、日本人は水田を作り、水田に寄り添い、米を作ってきた。

安全とは、他国や外敵から攻められないこと、

写真3・19　水田〔福井〕

洪水や伝染病に侵されないことであるが、日本は幸い、イタリアほどの伝染病や外敵の侵入には侵されていない。

ただ、洪水は水稲である稲作には付きものの厄災であった。多雨地帯である日本は、当初は川に近くとも洪水の被害に遭いにくい場所を選んだが、洪水さえなければ、水田には平地が適している。平地に進出した我々の先祖は、洪水対策として河川の両岸に長大な防水堤作り続けた。その土木工事は、イタリアの都市壁以上の大工事だとも思われる。しかし、そうしてまで、日本人は米作りに固執したのである。こうして江戸時代は、飛躍的に米の収穫量を増やした。

そんな日本で造り続けた住宅は、木造の高床式の住宅である。木造住宅は、火事にも弱い。日本の歴史は戦争の歴史より火事や洪水の歴史のほうが圧倒的に多い。しかし、日本人は洪水と火事に何度も遭いながら、稲作と木造住宅を捨てなかった。それだけ米と高床の住宅が魅力的だったことになる。ではなぜそんな魅力的な住宅なのに、高床の木造住宅は西欧には発達しなかったのか。

平和が作った日本文化

それは、日本が長期間にわたって戦争のない歴史を持っていたからである。十六世紀に一丁の火縄銃が西欧からもたらされた。その銃は、戦国時代には大いに活躍し、戦国時代末期には日本は五十万丁の世界最大の銃所持国になっていたそうである。しかし、江戸時代に入り、武器としての地位が落ちていく。平和が続いていったからである。

平和になることで、城は外敵から守りやすかった山地から、下に降りて平地に作られ、刀も城も戦争の武器から権威の象徴に移っていく。住宅も山地から平地に移り住む。津波や洪水にあいやすい、確かにその通りだが平和なら後は神仏にお願いして縁側のある開放的な住宅に住む、これが日本人の選んだ生き方であった。

火縄銃は、その火薬が近代になり、世界で賞賛される打ち上げ花火に発展したこ

写真 3·20　諏訪湖祭　湖上花火大会※7

とは、日本文化の平和との関係を端的に物語るものであろう。平和こそが高床式住宅の発達を可能にし、靴脱ぎの文化を作り、食器を手に取る美味しい和食の日本文化を作り、美しい日本の花火を生んだのであろう。

【出典】生活の科学第35号p29「歴史が作った暮らしとインテリア」雨宮勇著※1江戸東京博物館、※2岐阜角正、※3～5江戸東京たてもの園、※6ウィキペディア、※7諏訪観光協会

【注3・1】生活の科学第35号p29～42「歴史が作った暮らしとインテリア」p41～42 雨宮勇著

鏡の国を旅して(エピローグ)

日本から飛行機で十一～十二時間でイタリアに到着する。それはまるで鏡の国に入ったアリスのような気分だ、と冒頭に書いた。忙しく動き回っている自分は、まるで時計を持って走り回っているウサギのようだ。そんな自分の往復を数えたら、イタリアと日本を二〇回以上行き来していた。でも、何度行っても、イタリアは鏡の中の国だ。母国日本にとてもよく似ていて、でもどこ

か違う。その違いを見つけていたら、ますます不思議な世界を行き来しているような気がしてきた。これを読んでいただいて、そんな異次元旅行をした感じになってもらえたとしたら、この本を作った目的がかなえたのかもしれない。

そして最後になるが、多くの学生、卒業生たちにお礼を述べたい。インテリアや暮らしは、毎日の生活そのものである。一緒に考え、作っていった大学生活は、じっくり考えることができた大切な時間だったと思う。学生、卒業生たちからのたくさんの示唆なくしては、この本は生まれなかった。最後になったが、ありがとう！

参考文献

●「中部イタリア　マルケ州の小さな町々」河野讓著　文芸社
●「グランドツアー　18世紀イタリアへの旅」岡田温司著　岩波新書
●「ヴェネツィアとラグーナ　水の都とテリトーリオの近代化」樋渡彩著　鹿島出版会
●「歴史と風土の中で」山本学治著　鹿島出版会
●「イタリアからの手紙」塩野七生著　新潮社
●「生活大国イタリア」長手喜典著　日本貿易振興会（ジェトロ）
●「ゲーテ『イタリア紀行』を旅する」牧野宣彦著　集英社
●「物語イタリアの歴史」藤沢道郎著　中央公論社
●「イタリア　田舎暮らし」有本葉子著　筑摩書房
●「イタリアの古都と街道（上）」紅山雪夫著　㈱トラベルジャーナル
●「イタリアの古都と街道（下）」紅山雪夫著　㈱トラベルジャーナル
●「イタリア都市の諸相～都市は歴史を語る～」野口昌夫」著　㈱刀水書房
●「日本の風景・西欧の景観　そして造形の時代」オギュスタン・ベルク著　㈱大進堂
●「日本人とは何か　考古学がいま語れること」宮澤凡子著　柏書房株式会社

●「住まい学大系／066　ユカ座・イス座」沢田知子著　星雲社
●「逸楽と飽食の古代ローマ」青柳正規著　講談社
●「ヴェネツィア　水上の迷宮都市」陣内秀信著　講談社
●「日本人と住まい①靴脱ぎ」kutsu nugi企画委員会　リビングデザインセンターozone[日本人とすまい実行委員会]
●「日本人の住まい」E.S.モース著　八坂書房
●「イタリア的考え方　日本人のためのイタリア入門」ファビオ・ランベッリ著　㈱筑摩書房
●「イタリアを巡る旅想」河島英昭著　㈱平凡社
●「イタリア中世の山岳都市　造形デザインの宝庫」竹内裕二著　彰国社
●「都市の地中海」陣内秀信著　NTT出版
●「フィレンツェ」高階秀爾著　中央公論社
●「地中海を巡る町と住まいの旅」吉田桂二著　彰国社
●「イタリアの路地と広場　上」竹内裕二著　彰国社
●「イタリアの路地と広場　下」竹内裕二著　彰国社

鏡の国のイタリア

2019年2月28日　　初版発行

著 者　雨宮　勇

定価(本体価格2,593円+税)

発行所　株式会社　三恵社
〒462-0056 愛知県名古屋市北区中丸町2-24-1
TEL 052 (915) 5211
FAX 052 (915) 5019
URL http://www.sankeisha.com

ISBN978-4-86693-024-4 C0039 ¥2593E